AI 시대,
ESG의 재정의

AI 시대,
ESG의 재정의

The Age of AI, Redefining ESG

보이지 않는 이해관계자의 등장

지용승 저

좋은땅

AI는 ESG 보고서를 읽고 있을까

AI는 오늘도 ESG 보고서를 읽고 있다. 그러나 그것만 읽지는 않는다. 보고서보다 더 많은 것을 보고, 더 자주 판단한다. 뉴스 기사 한 줄, SNS에 남겨진 지역 주민의 불만, 공급망 국가에서 올라온 작은 NGO 보고서, 심지어 위성 이미지에 포착된 공장 주변의 변화까지. AI에게 이 모든 것은 '부차적인 정보'가 아니라 동등한 판단의 신호다.

이제 ESG는 더 이상 기업이 얼마나 정성껏 보고서를 작성했는가의 문제가 아니다. **ESG는 기업이 세상에 남기는 모든 흔적의 총합이 되었다.**

ESG는 언제부터 '문서'의 문제가 되었을까?

ESG는 본래 보고서에서 출발한 개념이 아니었다. 환경 오염, 산업

재해, 부패와 같은 현실의 문제가 먼저 있었고, 이를 설명하기 위한 언어로 ESG가 등장했다. 그러나 시간이 지나면서 ESG는 점점 문서 중심의 관리 체계로 변해 갔다. 기업은 보고서를 발간하고, 평가기관은 항목을 분류하며, 투자자는 점수를 참고했다. 이 구조에서 핵심 질문은 단순했다. "기업은 무엇을 공개했는가?"

하지만 이 질문은 언제나 불완전했다. 기업이 공개하지 않은 정보, 의도적으로 강조하지 않은 사건은 배제되었고, 그 틈에서 '그린워싱'이 등장했다. ESG에 대한 불신은 도덕성의 문제가 아니라, 정보 구조의 문제였다.

AI는 왜 이 구조를 흔들기 시작했는가?

AI의 등장은 이 질서를 근본적으로 바꾸었다. AI는 문서를 '신뢰의 출발점'으로 보지 않는다. 오히려 수많은 데이터 중 하나일 뿐이다. 글로벌 최대 자산운용사인 블랙록(BlackRock)은 이미 뉴스, 소셜 미디어, 위성 이미지까지 분석에 활용하고 있다.

이 변화는 하나의 분명한 방향성을 갖는다. **기업의 자발적 공시(Self-disclosed data)보다 외부에서 관찰된 데이터(Externally observed data)의 비중이 커지고 있다는 점이다.** MSCI의 데이터 중 40% 이상이 외부 데이터에 기반하며, 투자자의 70% 이상이 이를 필수적이라 답한다. 이제 투자자들은 기업의 말보다 외부 세계의 관찰을 더 신뢰한다.

사후 기록에서 상시 관찰로

과거의 ESG가 사고 후 책임을 묻는 '사후적 기록'이었다면, AI가 개입한 ESG는 '사전적 관찰'이다. 사고가 발생했는가보다, 발생할 가능성이 높아지고 있는지를 먼저 본다. 흩어져 사라졌을 파편화된 정보들이 AI에 의해 연결되고 축적되어 위험 신호 묶음으로 인식된다.

여기서 기업에게 불편한 질문이 등장한다. **"우리는 언제 ESG 평가를 받고 있는가?"** 과거의 답은 "보고서를 제출할 때"였지만, 지금의 답은 "항상"이다. 보고서를 쓰지 않는 날에도 기업의 행동은 데이터로 남고 AI에 의해 읽힌다.

AI는 왜 '이해관계자'로 불리기 시작했는가?

AI는 투자자도, 규제기관도 아니다. 그럼에도 AI가 새로운 이해관계자로 불리는 이유는 분명하다.

- 말하지 않지만 판단하고
- 의견을 밝히지 않지만 자본의 흐름에 영향을 미치며
- 책임을 지지 않지만 위험을 가격에 반영한다

이 책이 AI를 '도구'가 아니라 '이해관계자'로 다루는 이유가 여기에 있다.

이 책이 던지는 첫 번째 질문

AI는 ESG 보고서를 읽고 있을까? 답은 "그렇다"이지만, 동시에 "그것만 읽지는 않는다"이다. 이 사실 하나만으로도 ESG 경영은 근본적인 전환점에 서 있다.

이제 우리에게 필요한 것은 더 많은 보고서가 아니라, 이 새로운 시선에 대한 이해다. 이 책은 그 시선을 추적하고, AI 시대의 ESG 경영이 무엇이어야 하는지를 단계적으로 풀어 가려는 시도다.

"기술은 당신을 감시하는 눈이 될 수도 있지만,

당신의 진정성을 증명해 줄 가장 공정한 증인이 될 수도 있다.

이제 그 증인과 대화하는 법을 배워야 할 시간이다."

2026. 1.

지용승

차례

1부

종말 혹은 진화: ESG는 왜 다시 질문받는가

1장

ESG 회의론:
끝났는가, 혹은 거대한 재편인가

'사라진 유행'이 아니라 '바뀌는 조건'에 대하여

최근 몇 년간 글로벌 경제 뉴스에서 가장 강렬하게 등장한 문장은 단연 "ESG는 끝났다(ESG is dead)"일 것이다. 한때 기업 경영의 절대적 지침처럼 여겨졌던 ESG가 이제는 퇴장 수순을 밟고 있다는 진단이 곳곳에서 들려온다. 과연 ESG는 반짝하고 사라질 유행이었을까? 아니면 우리가 목격하는 것은 거대한 질서의 재편일까?

"ESG는 끝났다"는 말은 왜 반복되는가?

ESG 위기론의 발원지는 미국이다. 미국에서 ESG는 경제 이슈를 넘어 **정치적 논쟁의 한복판**으로 들어왔다. 일부 주 정부는 ESG를 "시장에 특정 정치 가치를 강요하는 행위"로 규정하며 공공연히 '반(反) ESG'를 선언했다. 텍사스와 플로리다 같은 주는 화석연료 산업을 차별한다는 이유로 ESG 기준을 적용하는 금융기관을 공공사업에서 배제하기도 했다.

여기에 글로벌 금리 인상과 경기 둔화가 겹치며 투자 시장의 분위기도 냉각되었다. ESG 펀드에서 자금이 유출되었다는 소식이 들려오자, 언론은 이를 "ESG 버블의 붕괴"라고 평했다. 하지만 이 흐름이 ESG의 소멸을 의미할까? 오히려 현실은 정반대이다. 미국에서 ESG가 흔들리는 이유는 역설적으로 **ESG의 영향력이 너무 커졌기 때문**이다. 자본 배분과 산업 구조에 실제 타격을 입히기 시작하자 기득권의 정치적 반발이 거세진 것이다. 즉, 지금의 소음은 ESG의 무력화가 아니라 ESG가 권력의 영역으로 진입했음을 알리는 신호다.

글로벌 디커플링: 정치화되는 미국과 제도화되는 유럽

우리는 종종 ESG를 하나의 거대한 흐름으로 묶어 이야기하지만, 사실 ESG는 지역마다 전혀 다른 얼굴로 분화하고 있다.

- **미국(정치화)**: ESG가 이념적 쟁점이 되며 자율성과 시장 논리가 강조된다.
- **유럽(제도화)**: ESG를 자율적 권고가 아닌 '의무 규제'의 영역으로 끌어올리고 있다. 대표적인 사례가 EU의 CSRD(지속가능성 공시

지침)다.

- **아시아(실용화):** 공급망 관리와 수출 규제 대응을 위한 생존 전략으로서 ESG가 확산되고 있다.

특히 유럽의 CSRD는 단순한 보고서 확대를 넘어선다. 적용 대상 기업은 기존보다 4~5배 늘어난 약 5만 개에 달하며, ESG 정보를 재무 정보와 동등한 책임 영역으로 규정한다. ESG는 이제 "하고 싶으면 하는" 선택지가 아니라, 글로벌 시장에서 사업을 영위하기 위한 **필수 인프라**로 고착화되고 있다.[1]

데이터가 말하는 진실: ESG는 사라지지 않았다

대중적인 인식과 달리 실제 데이터는 ESG의 확장을 증명한다. 글로벌 ESG 규제 제도를 도입한 국가는 2020년 13개국에서 2024년 35개국으로 급증했다. 기업 내부의 ESG 전담 조직과 인력 역시 줄어들지 않았다.

달라진 것은 **ESG의 성격**이다. 과거의 ESG가 '착한 기업'을 가려내는 도덕적 잣대였다면, 현재의 ESG는 사고 가능성, 공급망 리스크, 규제 노출도를 측정하는 '위험 관리 도구'로 이동하고 있다. 투자자들은 이제 ESG를 이상적인 가치가 아니라, 기업의 미래 수익을 위협할 변수를

---

1 지역적 분열(미국 vs 유럽)에도 불구하고, 전 세계 자본시장은 ISSB라는 '단일화된 회계 언어'로 통합되고 있다. 이는 ESG가 정치적 소음과는 별개로 금융의 하부 구조(Infrastructure)로 안착했음을 보여 주는 강력한 증거다.

   AI 시대, ESG의 정의

읽어 내는 정밀한 레이더로 사용하기 시작했다.

ESG 피로감의 정체와 AI의 등장

그렇다면 왜 현장에서는 "ESG가 실패했다"는 피로감이 팽배할까? 그것은 ESG가 약속했던 변화보다 운영 방식이 너무 느리고 복잡했기 때문이다. 보고서는 두꺼워졌지만 현장은 바뀌지 않았고, 점수는 관리되었지만 사고는 반복되었다.

지금까지의 ESG가 "얼마나 멋지게 보고서를 써냈는가"를 묻는 체계였다면, 앞으로의 ESG는 "실제로 무엇이 달라졌는가"를 입증해야 하는 단계로 넘어간다. 바로 이 지점에서 AI(인공지능)가 개입한다. AI는 기업의 공시를 넘어 외부의 방대한 데이터를 실시간으로 수집하고 분석하여 기업의 실질적인 행위를 드러낸다.

유행의 끝이 아닌, 조건의 시작

ESG는 끝나지 않았다. 다만, 우리가 알던 방식의 ESG가 끝나 가고 있을 뿐이다. ESG는 이제 사라진 유행이 아니라, 기업이 숨 쉬어야 할 **새로운 대기 환경**이 되었다.

- **정치화**되는 곳에서는 갈등의 대상이 되고,
- **제도화**되는 곳에서는 경영의 기본 조건이 되며,

- **AI**가 개입하는 순간부터는 설명과 책임의 영역으로 바뀐다.

이 책은 바로 그 재편의 과정을 추적한다. ESG가 왜 반복해서 질문 받는지, 그리고 AI가 이 견고했던 질서를 어떻게 근본적으로 흔들고 있는지를 살펴볼 것이다.

미국과 유럽의 ESG 온도 차는 이제 단순한 견해 차이를 넘어 '제도(Regulation)' 와 '자본(Capital)'의 흐름에서 명확한 수치로 나타나고 있다. 2025년과 2026 년 초 현재, 이 양극화 현상을 보여 주는 핵심 지표와 사례를 정리하면 다음과 같다.

자본의 흐름: ESG 펀드 유출입 데이터(2024~2025)

가장 직접적인 지표는 투자자들이 돈을 어디에 넣고 빼는가이다. 모닝스타 (Morningstar) 등 글로벌 조사 기관의 최신 리포트에 따르면 양측의 격차는 극 명하다.

구분	미국(USA)	유럽(Europe)
펀드 유입 현황	10분기 연속 순유출 기록(2025년 1 분기 약 61억 달러 감소)	**압도적 자산 비중** 보유(전 세계 ESG 자산의 약 84% 집중)
투자자 성향	단기 수익성 중시, '반(反) ESG' 정치 운동 영향으로 자금 회수	2025년 1분기 첫 소폭 유출이 있었으나, 2분기 즉시 반등하며 장기 투자 지속
특이 사항	펀드 명칭에서 'ESG' 단어를 삭제하는 **리브랜딩** 급증	지속가능 금융 공시 규제(SFDR)에 따라 자산의 성격을 더 엄격히 분류

모닝스타의 2025년 ESG 리포트에 따르면, 유럽은 엄격한 규제 강화로 펀드 흐름이 반등하며 글로벌 ESG 자산의 85%를 차지한 반면, 미국은 반ESG 기류 속에 10분기 이상 자금 유출이 지속되며 격차가 심화되고 있다. 유럽은 그린워싱 방지를 위한 리네이밍이 활발한 반면, 미국은 2025년 들어 Scope3 보고 의무 완화 등 정치적 후퇴를 겪으며 투자 위축이 뚜렷하다.

분기별 글로벌 지속가능 펀드 유입액(미화 10억 달러)

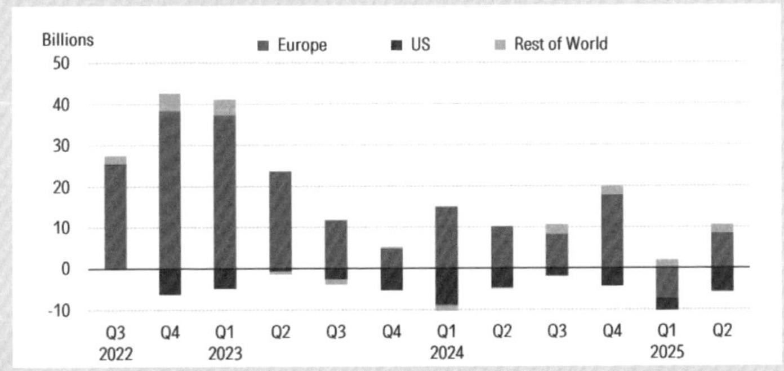

출처: Morningstar Direct. 2025년 6월 데이터

제도의 격차: '채찍'의 유럽 vs '인센티브'와 '반발'의 미국

규제 측면에서 유럽은 법적 강제성을 높이는 반면, 미국은 제도 도입 단계에서 강한 정치적 저항에 부딪히고 있다.

유럽: ESG의 '법전화(Codification)'

- **CSRD(지속가능성 공시 지침):** 2025년부터 유럽 내 약 5만 개 기업이 재무제표와 동일한 수준으로 ESG 데이터를 의무 공시하기 시작했다. 이는 '자율'의 영역을 '법적 책임'의 영역으로 완전히 바꾼 사건이다.
- **CSDDD(공급망 실사법):** 2024년 7월 발효되어, 기업이 공급망 내 인권 및 환경 침해를 직접 관리하고 사고 발생 시 **민사 책임**까지 지도록 규정했다.

미국: ESG의 '정치적 양극화'

- **SEC 기후 공시 후퇴**: 미국 증권거래위원회(SEC)가 야심 차게 준비했던 기후 공시 의무화 방안은 보수 진영의 소송과 정치적 압박으로 인해 탄소 배출량 공시(Scope 3) 등 핵심 내용이 대폭 완화되거나 보류되었다. SEC의 공시안이 법적 공방과 정치적 압박으로 표류하는 사이, 시장의 주도권은 공시 의무화를 선언한 캘리포니아 주와 유럽으로 완전히 넘어갔다.
- **주(State) 단위의 대립**: 플로리다, 텍사스 등은 주 연기금의 ESG 고려를 법적으로 금지한 반면, 캘리포니아는 유럽 수준의 엄격한 기후 공시법(SB 253, 261)을 독자적으로 통과시키며 국가 내에서도 분열된 모습을 보인다.

상징적 사례 비교: 블랙록(BlackRock)을 대하는 자세

글로벌 최대 자산운용사인 블랙록은 이 '온도 차' 사이에서 가장 고전하고 있는 기업이다.

- **미국에서의 공격**: 텍사스주 등은 블랙록이 화석연료 산업을 '보이콧'한다는 이유로 주 자금 운용 대상에서 퇴출시켰다. 래리 핑크 회장은 결국 공식 석상에서 "ESG라는 용어가 너무 정치화되어 더 이상 쓰지 않겠다"고 선언하기에 이르고, 그가 강조한 대체어는 '전략적 자본주의(Strategic Capitalism)' 또는 '장기적 가치(Long-term Value)'다. 용어는 사라졌을지언정 '에너지 전환(Energy Transition)'과 '인적 자본 관리'에 대한 투자는 계속되고 있어 이름표만 바뀌었을 뿐 본질은 더 깊게 뿌리내리고 있다는 점이다.
- **유럽에서의 공격**: 반면 2025년 네덜란드 거대 연기금인 PFZW는 블랙록과의 계약을 해지했다. 이유는 "블랙록이 기후 변화 대응에 충분히 적극적이지 않다"는 것이었다. 미국에서는 '너무 진보적'이라고 매 맞고, 유럽에서는 '너무 소극적'이라고 퇴출당하는 형국이다.

요약: 분화되는 두 개의 세계

이러한 데이터와 사례가 시사하는 바는 명확하다.

- **미국**에서 ESG는 '수익성을 저해하는 정치적 올바름'으로 공격받으며 시장 자율에 맡겨지는 분위기다.
- **유럽**에서 ESG는 '기업이 생존하기 위해 지켜야 할 법적 인프라'로 굳어지고 있다.

결국 글로벌 기업들에게 ESG는 "할 것인가 말 것인가"의 문제가 아니라, "어느 지역의 규제와 자본 논리에 맞출 것인가"라는 전략적 선택의 문제가 되었다.

미국과 유럽의 ESG 온도 차는 단순히 먼 나라의 이야기가 아니다. 수출 주도형 경제 구조를 가진 한국 기업들에게는 이 격차가 '비관세 장벽'이라는 거대한 파도와 '시장 선점'이라는 새로운 기회로 동시에 다가오고 있다.

2026년 현재, 한국 기업들이 마주한 현실을 세 가지 핵심 축은 다음과 같다.

1. 수출 장벽: "탄소가 곧 관세가 되는 시대"(EU 중심)

유럽의 ESG 제도화는 한국의 주력 수출 품목에 직접적인 비용 부담을 지우기 시작했다.

- **CBAM(탄소국경조정제도) 본격 시행**: 2026년 1월부터 철강, 알루미늄, 비료 등 6개 품목을 EU로 수출할 때 탄소 배출량에 따른 **'탄소 인증서'를 의무적으로 구매**해야 한다. 과거에는 보고만 하면 됐지만, 이제는 탄소를 많이 배출할수록 가격 경쟁력이 즉각 떨어지는 구조다. 이제 탄소 데이터는 '추정치'가 아닌 제3자 검증을 거친 '확정치'여야 하며, 이는 곧 AI를 활용한 실시간 탄소 트래킹 기술이 기업의 핵심 경쟁력이 되었음을 의미한다.
- **공급망 실사법(CSDDD)**: 단순히 우리 회사만 잘해서는 안 된다. EU에 수출하는 대기업은 협력사의 인권 침해나 환경 오염까지 책임져야 한다. 중소 협력사가 ESG 기준을 맞추지 못하면 원청 기업의 수출길이 막히는 '공급망 리스크'가 현실화되었다.

2. 기회 요인: "저탄소 기술이 곧 시장 지배력"

반대로, 준비된 기업에게 이 격차는 강력한 무기가 된다.

- **탄소 효율의 경쟁우위:** 한국 철강 산업은 러시아나 튀르키예 등 경쟁국에 비해 탄소 집약도가 상대적으로 낮다. CBAM 정식 시행 시, 탄소 비용 지불 능력이 부족한 경쟁국들이 밀려난 자리를 한국 기업이 점유할 수 있는 **'반사 이익'** 기회가 존재한다.
- **그린 프리미엄 시장 선점:** 유럽 시장은 이미 친환경 제품에 더 높은 가격을 지불할 준비가 되어 있다. 배터리, 전기차, 재생에너지 장비 분야에서 유럽의 엄격한 ESG 기준을 통과한 제품은 '글로벌 표준'으로 공인받으며 미국 시장에서도 프리미엄 브랜드로 자리 잡을 수 있다.

3. 전략적 딜레마: "양극화된 시장에 맞춘 이중 전략"

한국 기업들은 이제 미국과 유럽이라는 두 개의 서로 다른 게임 룰을 동시에 플레이해야 한다.

시장	위협(Threats)	기회(Opportunities)
유럽 (EU)	규제 준수 비용: CBAM 인증서 구매 및 실사 인프라 구축 비용 증가	표준 선점: 규제를 통과한 제품의 시장 독점력 강화
미국 (USA)	정치적 불확실성: 정권 교체나 주별 법안에 따른 투자 전략의 혼선	IRA 수혜: ESG 명분보다 실질적인 보조금(IRA 등) 중심의 실익 확보

생존 면허(License to Operate)로서의 ESG

2026년의 한국 기업에 ESG는 '하면 좋은 것'이 아니라 수출을 위한 '생존 면허'이다. 특히 탄소 배출 데이터 관리 능력이 없는 기업은 제품을 잘 만들고도 수출 통관에서 거부당할 수 있는 시대가 열렸다.

'ESG 회의론'의 진정한 수혜자는 누구인가?

단기 수익에 눈먼 투기 세력이 아닌, **'데이터 기반의 리스크 관리'에 성공한 기업**들이다. 회의론 덕분에 '말만 앞선 그린워싱 기업'들이 걸러지고, 실질적인 탄소 감축 기술과 지배구조 투명성을 갖춘 기업들이 '진짜'로 인정받는 'ESG의 옥석 가리기(Great Shakeout)'가 시작되었다.

AI와의 연결 고리

왜 이 복잡한 격차를 극복하는 해법이 AI인가?

미국의 자율성과 유럽의 강제성, 그 사이의 파편화된 규제와 방대한 데이터를 인간의 힘으로 관리하는 것은 불가능해졌다. 1세대 ESG가 전문가의 '해설'에 의존했다면, 2세대 ESG는 AI의 '인텔리전스'를 요구한다. 이것이 우리가 ESG의 위기 속에서 AI에 주목해야 하는 이유다.

2장

그린워싱의 역설:
진정성은 왜 매번 의심받는가

도덕의 문제가 아니라 구조의 문제다

왜 '착한 기업' 논쟁은 반복해서 실패하는가?

ESG 논의에서 가장 빈번하게 호출되는 단어는 단연 '그린워싱(Greenwashing)'이다. 환경을 위하는 척하지만 실상은 파괴적인 기업, 지속가능성을 외치지만 내부 구조는 요지경인 조직들. 그린워싱은 ESG 회의론을 키우는 가장 큰 불씨가 되었다.

우리는 흔히 그린워싱을 기업의 도덕적 결함이나 비윤리적인 마케팅의 결과로 치부한다. 하지만 이 현상을 '착한 마음'의 유무로만 접근하면 해결책은 영원히 요원해진다. 그린워싱은 도덕의 문제가 아니라, 그렇게 행동하는 것이 훨씬 이득이 되도록 설계된 **구조적 모순의 산물**

이기 때문이다.

목표는 넘쳐 나지만 현장은 바뀌지 않는 이유

대부분의 ESG 보고서는 "2050 탄소 중립", "공급망 인권 전면 개선"과 같은 화려한 수식어로 가득하다. 하지만 왜 현장의 변화는 이토록 더딜까? 이는 ESG가 지난 20년간 '말을 늘리는 구조'로 작동해 왔기 때문이다.

투자자와 평가기관은 기업에 끊임없이 요구했다. *"목표를 제시하라", "정책을 문서화하라", "계획을 공개하라".* 이 요구들은 합리적으로 들리지만, 치명적인 허점이 있다. 야심 찬 선언과 정교한 문서는 몇 달 만에 만들어 낼 수 있지만, 거대한 제조 공정의 탄소를 줄이거나 수천 개의 공급망 인권을 개선하는 데는 수십 년의 시간과 천문학적인 비용이 든다.

결국 **'선언의 속도'와 '실행의 속도' 사이의 거대한 간극**, 그 틈새가 바로 그린워싱이 자라나는 토양이 된다.

구조적으로 설계된 '정보 비대칭'

그린워싱이 유지되는 근본적인 동력은 **정보의 비대칭성**에 있다.

- **기업**: 어떤 정보를, 언제, 어떤 방식으로 공개할지 결정하는 절대적

주도권을 가진다(자기보고 중심).

- **외부 이해관계자**: 기업이 제공한 '가공된 정보'와 제한적인 외부 신호에 의존할 수밖에 없다.

이 구조에서 ESG 평가는 마치 시험 문제를 출제한 사람이 직접 답안지를 채점해서 제출하는 것과 비슷하다. 회계 투명성이 확보되기 전의 재무 보고 시대와 유사한 이 환경에서, 기업은 굳이 불리한 진실을 드러낼 유인이 없다. 검증 비용이 너무 높기 때문에, 외부에서는 기업이 내뱉은 '말'이 '실제 행동'과 일치하는지 확인하기가 극도로 어렵다.

'의도'보다 강력한 '유인'의 법칙

기업이 처음부터 기만을 목적으로 그린워싱을 하지는 않는다. 오히려 ESG 요구에 부응하려 최선을 다하는 과정에서 발생하곤 한다. 기존 시스템은 기업에 다음과 같은 '나쁜 유인'을 제공한다.

- **가성비의 법칙**: 실제 구조적 변화를 만드는 것보다, 보고서에 근사하게 표현하는 것이 훨씬 저렴하고 빠르다.
- **평가의 함정**: 현장의 복잡한 난제를 해결하는 것보다, 평가기관의 체크 리스트에 맞춰 답변을 끼워 맞추는 것이 높은 점수를 받는 데 유리하다.

이러한 유인이 반복되면 기업은 점차 '행동'이 아닌 '표현'에 익숙해진다. 이것이 바로 개별 기업의 윤리를 넘어선 **구조적 그린워싱**의 본질이다.

글로벌 금융시장의 경고: 이름은 '지속가능', 내용은 '기존 투자'

이 문제는 금융 상품에서 가장 노골적으로 드러난다. 2022년 모닝스타(Morningstar)의 보고서에 따르면, 전 세계 ESG 펀드의 60% 이상이 펀드 명칭과 실제 포트폴리오 사이의 불일치를 보였다. 독일 자산운용사 **DWS의 그린워싱 수사 사례**는 이러한 간극이 단순한 실수가 아니라 시스템 전체의 신뢰를 무너뜨릴 수 있음을 보여 준 상징적 사건이다. 무엇이 친환경인지에 대한 엄격한 기준(Taxonomy)이 정립되기 전에 시장이 먼저 팽창하면서 생긴 **제도적 공백**이 그린워싱을 방치한 것이다.

AI, 그린워싱의 구조적 마침표를 찍다

그동안 그린워싱이 가능했던 이유는 "들키지 않을 가능성"과 "검증의 어려움" 때문이었다. 하지만 AI의 등장은 이 전제를 뿌리째 흔들고 있다.

- **상시 관찰**: 연 1회 발행되는 보고서가 아니라, 365일 실시간으로 쏟아지는 뉴스, SNS, NGO 리포트, 위성 데이터 등을 통합 분석한다.
- **패턴 분석**: 기업의 화려한 선언과 실제 현장 데이터(민원, 사고 기록, 공급망 데이터 등) 사이의 불일치를 순식간에 포착한다.

과거에는 선언이 많을수록 유리했지만, **AI 시대에는 말이 많을수록 검증해야 할 리스크 포인트만 늘어난다.** 이제 그린워싱은 도덕적 비난의 대상이 아니라, 데이터에 의해 즉각 적발되는 '비용이 너무 비싼 전략'이 되어 버렸다.

과거에는 "네 말이 거짓말인 것 같은데?"라고 비판자가 증명해야 했다면, 이제는 "네 말이 사실임을 데이터로 증명해"라고 기업이 입증해야 하는 시대이다. 이 '증명(Prove it)'의 부담이 기업으로 넘어온 것이 AI 도입의 가장 큰 유인책이다.

구조가 바뀌어야 신뢰가 산다

그린워싱을 없애는 유일한 방법은 기업에 "정직해지라"고 호소하는 것이 아니다. **말과 행동의 불일치가 즉각 드러나는 구조를** 만드는 것이다.

- 자기보고(Self-reporting) → **외부 관찰**(External Monitoring)
- 정적 평가(Static) → **상시 예측**(Dynamic/Predictive)

ESG는 이제 사후적 해명의 도구에서 **실시간 위험 관리의 시스템으**로 이동하고 있다. 그리고 그 변화의 중심에는 기업의 숨겨진 간극을 찾아내는 AI가 있다.

 AI 시대, ESG의 정의

과거에는 그린워싱이 시민단체나 언론의 '비판' 대상이었다면, 이제는 정부 기관의 **'처벌'** 대상이 되었다. 특히 EU와 미국은 기업이 내뱉은 말이 투자자와 소비자를 기만하는 '금융 사기'나 '불공정 거래'로 간주하여 강력한 법적 잣대를 들이대고 있다.

2026년 현재 가장 두드러진 **구조적 그린워싱 방지 규제와 처벌 사례**는 다음과 같다.

1. 유럽연합(EU): "입증하지 못하면 광고할 수 없다"

유럽은 그린워싱을 방지하기 위해 '포괄적 금지'와 '사전 입증'이라는 투트랙 전략을 사용한다.

- **그린워싱 금지 지침(GCD, Green Claims Directive):** 2024년 통과되어 2026년부터 본격 적용되는 이 법안은 "근거 없는 환경 주장"을 아예 불법으로 규정한다.
  - **핵심:** '친환경', '에코', '자연주의' 같은 모호한 용어를 사용하려면 공인된 외부 기관의 검증을 반드시 거쳐야 한다.
  - **처벌:** 위반 시 해당 기업 연간 매출액의 **최소 4% 이상의 과징금**을 부과할 수 있다.
- **에코디자인 규정(ESPR):** 제품의 생산 단계부터 재활용 가능성 등 환경 정보를 '디지털 제품 여권(DPP)'에 담도록 강제하여, 정보 비대칭을 원천 봉쇄한다.[2]

---

2   디지털 제품 여권(DPP)의 파급력: EU의 ESPR(에코디자인 규정)에서 다루는 DPP는 단순히 '정보 공개'가 아니라, '데이터의 생애 주기 추적'이다. 이제 제품에 부착된 QR 코드 하나로 원자재 채굴부터 폐기 단계까지의 탄소 발자국이 투명하게 드러난다. 이는 기업이 특정 단계의 데이터만 편집하여 홍보하는 것을 불가능하게 만드는 '그린워싱의 기술적 종말'을 의미한다.

2. 미국(USA): "ESG는 투자자를 속이는 사기가 될 수 있다"

미국은 주로 증권거래위원회(SEC)와 연방거래위원회(FTC)를 통해 '투자자 보호' 관점에서 그린워싱을 다룬다.

- **SEC의 '이름 규칙(Names Rule)' 개정**: 펀드 명칭에 'ESG', '지속가능' 등의 단어가 포함될 경우, 자산의 **80% 이상을 실제 그 목적에 맞게 투자**해야 한다. 이를 어기면 '허위 공시'로 처벌받는다.
- **FTC의 '그린 가이드(Green Guides)' 강화**: 10년 만에 대폭 개정된 이 가이드는 탄소 상쇄(Carbon Offset) 등에 대한 마케팅 표현을 엄격히 규제한다. 실질적인 배출 감소 없이 상쇄권 구매만으로 "탄소 중립"이라고 광고하는 행위를 단속한다.

3. 실제 주요 법적 처벌 및 수사 사례[3]

기업들이 실제로 막대한 벌금을 내거나 수사 대상이 된 사례들은 '말의 책임'이 얼마나 무거워졌는지 보여 준다.

기업 / 기관	국가	사건 요약 및 처벌 결과
DWS (도이치뱅크 계열)	독일	ESG 자산을 과부풀려 공시한 혐의로 독일 검찰 수사 후, 약 2,500만 달러(약 330억 원) 규모의 벌금 합의.
골드만삭스 (자산운용)	미국	ESG 펀드 운용 시 내부 정책을 제대로 준수하지 않은 혐의로 SEC로부터 400만 달러(약 53억 원) 벌금 부과.
BNP 파리바	프랑스	화석연료 프로젝트에 자금을 조달하면서 친환경 이미지를 홍보한 혐의로 환경 단체로부터 '세계 최초 기후 관련 소송'을 당해 법적 분쟁 중.
H&M / 디카슬론	네덜란드	제품에 '의식 있는(Conscious)' 등의 표현을 썼으나 구체적 근거를 제시하지 못해 당국 조사를 받고 **기부금 납부 및 문구 수정** 명령.

---

3 그린워싱 소송의 성격 변화: 과거에는 평판 타격에 그쳤으나, 최근에는 '기만적 마케팅에 따른 소비자 집단소송'과 '허위 공시에 따른 주주 소송'으로 번지고 있다. BNP 파리바 사례처럼 '금융기관의 신용 공여' 자체가 그린워싱으로 간주되어 소송을 당하는 것은, 이제 그린워싱이 마케팅 부서의 실수가 아니라 '전사적 법적 리스

  AI 시대, ESG의 정의

이러한 규제 강화의 핵심은 "기업의 선의를 믿지 않는다"는 데 있다.

- **입증 책임의 전환**: 예전에는 규제 당국이 그린워싱을 증명해야 했으나, 이제는 **기업이 스스로** 자신의 주장이 진실임을 데이터로 입증해야 한다.
- **재무 정보와 동등한 책임**: ESG 공시를 허위로 작성할 경우, 회계 부정과 동일한 수준의 형사 처벌과 민사 소송(주주 대표 소송 등)에 직면하게 된다.

이처럼 규제가 강력해지면서 기업들은 이제 '수동적인 대응'을 넘어 'AI를 활용한 실시간 검증'에 사활을 걸고 있다.

'말의 인플레이션'에 대한 경고

AI는 텍스트 마이닝을 통해 기업이 과거에 했던 약속과 현재의 성과를 교차 검증한다. AI는 망각하지 않는다. 5년 전 보고서에서 약속한 탄소 배출량 감축 로드맵과 오늘날의 전력 사용량 데이터를 비교하여 '실행 없는 약속'을 즉각 적별해낸다. 기업에게 있어 AI는 가장 냉혹한 '약속의 감시자'다.

그린워싱은 이제 '나쁜 의도'가 없어도 '나쁜 데이터 관리' 때문에 발생할 수 있다.

크'가 되었음을 시사한다.

3장

공시의 한계:
문서가 현실을 가리는 순간

정보는 늘었는데, 왜 신뢰는 줄어들었는가?

ESG 보고서는 왜 이렇게 두꺼워졌는가?

불과 10여 년 전만 해도 기업의 ESG 보고서(지속가능 경영 보고서)는 홍보 자료의 부록에 가까웠다. 몇 장짜리 환경 보호 활동 사진과 사회 공헌 미담이 전부였고, 이를 꼼꼼히 읽는 이들도 드물었다.

그러나 오늘날 ESG 보고서는 기업의 '두 번째 연차 보고서'가 되었다. 수백 쪽에 달하는 문서에는 복잡한 데이터와 장기 로드맵, 각종 위원회 운영 현황이 빼곡하다. 때로는 재무제표보다 더 두꺼운 이 보고서들이 매년 쏟아진다. 하지만 역설은 여기서 시작된다. **보고서가 두꺼워질수록, ESG를 향한 신뢰는 오히려 줄어들고 있다는 점이다.** 왜 정보의 양과 신뢰의 질은 반비례하게 되었을까?

공시는 ESG의 해답이었고, 동시에 한계였다

ESG가 제도화되는 과정에서 '공시(Disclosure)'는 가장 현실적인 출발점이었다. 기업 내부의 비재무적 활동은 외부에서 관찰하기 어렵기 때문에, 우선 기업이 스스로 정보를 투명하게 공개하도록 유도하는 것이 합리적이었기 때문이다.

공시는 분명 큰 성과를 남겼다.

- 기업 내부에 ESG를 하나의 공식적인 '업무'로 정착시켰고,
- 투자자들이 기업 간의 성과를 비교할 수 있는 **문서적 기반**을 마련했다.

그러나 공시 중심의 체계는 ESG의 본질을 "얼마나 충실하게 문서를 작성했는가"를 겨루는 시험장으로 변질시켰다.

'많이 공개할수록 좋다'는 착각이 만든 피로감

공시 중심 ESG의 전제는 "더 많은 정보가 더 높은 투명성을 보장한다"는 것이었다. 하지만 현실은 정보의 과부하로 인한 '이해 가능성의

상실'이었다.

- 핵심 리스크는 수만 개의 지표 속에 묻혀 버렸고,
- 읽는 사람조차 끝까지 읽지 못하는 '침묵의 백과사전'이 되었다.

결국 기업은 투명해지기 위해 공시를 하는 것이 아니라, **'공시를 완료했다'는 사실 자체**를 목표로 삼게 되었다. 수단이 목적을 압도하면서, ESG는 기업 경영의 전략이 아닌 행정적인 문서 작업으로 전락했다.

점수의 불일치: 공시 중심 평가의 균열

공시의 한계가 가장 적나라하게 드러나는 지점은 **ESG 평가 점수**이다. 같은 기업을 두고도 평가기관마다 점수가 극명하게 갈리는 현상은 이제 일상적이다. A 기관에서는 '우수' 등급인 기업이 B 기관에서는 '위험' 등급을 받기도 한다.

이는 평가기관의 무능함 때문이 아니다. **공시 데이터라는 재료는 같지만, 그것을 요리하는 관점이 제각각이기 때문이다.**

- 어떤 지표에 가중치를 둘 것인가?
- 문서상의 정책(Policy)을 중시할 것인가? 실제 수치(Performance)를 중시할 것인가?

공시 중심의 체계는 이러한 해석의 차이를 좁히지 못했다. 결국 ESG 점수는 객관적인 측정값이라기보다, 각 기관의 **해석이 담긴 주관적 산물**이 되었다.

'정적(Static)'인 공시와 '동적(Dynamic)'인 리스크

공시가 가진 가장 근본적인 결함은 **시간성**이다. ESG 공시는 대개 연 1회 발행된다. 하지만 기업의 리스크는 1년 내내 살아 움직이고 있다.

노동 분쟁은 예고 없이 터지고, 환경 오염 사고는 찰나의 순간에 발생하며, 공급망 리스크는 국경을 넘어 순식간에 전파된다. **1년 전의 데이터를 정리한 보고서는 다가오는 위험을 포착하기에 너무나 느리다.** 사후에 문제를 설명하고 점수를 깎는 방식으로는 '예방적 경영'으로서의 ESG 기능을 수행할 수 없다.

AI는 왜 공시 중심 ESG를 흔드는가?

AI는 공시를 부정하지 않는다. 다만 공시가 채우지 못한 '여백의 진실'을 찾아낸다.

- 기업이 보고서에 쓰지 않은 현장의 사고와 민원,
- SNS와 지역 언론을 통해 흘러나오는 실시간 평판,

- 공급망 전반에서 발생하는 이상 신호.

AI의 등장은 ESG의 핵심 질문을 바꾼다. "얼마나 잘 공개했는가?"라는 정적인 질문에서 "실제로 무엇이 벌어지고 있는가?"라는 동적인 질문으로의 전환이다. 이제 공시는 신뢰의 완성이 아니라, AI가 검증을 시작하는 **최소한의 출발점**이 되었다. [4]

공시의 시대는 끝났는가?

아니다. 공시의 시대가 끝난 것이 아니라, '공시만으로 충분했던 시대'가 끝난 것이다.

공시는 이제 책임을 다했다는 '면죄부'가 아니라, 외부의 상시 관찰과 대화를 시작하는 '입구'가 되어야 한다. 신뢰는 더 이상 화려한 문서에서 나오지 않는다. 문서와 행동이 얼마나 일치하는지, 그 일관성에서 나온다.

'그린 허싱(Green-hushing)'

처벌이 무서워 아예 입을 닫아 버리는 기업들의 행태가 공시의 한계와 규제 강화가 맞물리면서 나타나는 최신 현상이다. 공시의 시대가

---

4   전통적 평가 vs AI 기반 평가 모델의 비교. 전통적 방식: 기업 공시 → 사람의 해석(주관 개입) → 연 1회 정적 등급. AI 방식: 공시 + 대체 데이터(위성, 뉴스, IoT) → 알고리즘 분석(객관화) → 실시간 동적 신호.

                                   AI 시대, ESG의 정의

'자랑'의 시대였다면, AI의 시대는 '검증'의 시대다. 검증이 두려운 기업들이 아예 성과를 숨기는 '그린 허싱'에 나서고 있지만, AI는 숨겨진 데이터 조각을 모아 그들의 침묵조차 분석해 낸다.

대체 데이터의 구체적 사례

위성 데이터 외에 '신용카드 결제 데이터'나 '글래스도어(Glassdoor) 등 잡포털의 리뷰 데이터'가 AI를 통해 어떻게 S(사회) 항목 평가에 반영되는지를 확인할 수 있다. AI는 전·현직 직원의 익명 리뷰 텍스트를 분석하여, 보고서에 기재된 '가족 친화 경영' 수치 뒤에 숨겨진 실제 퇴직 사유와 사내 문화를 수치화한다.

다음 장에서는… 공시 중심의 ESG 모델이 현장 실무자들에게 남긴 거대한 '피로감'의 실체를 파헤쳐 본다. 왜 실무자들은 그토록 많은 보고서를 쓰면서도 무력감을 느껴야 했을까? 수만 개의 지표를 채우느라 밤을 지새우는 실무자들에게, 공시는 세상을 바꾸는 도구가 아니라 '제출해야 할 숙제'가 되어 버렸다. 이 거대한 행정적 허무함이 바로 ESG 피로감의 본질이다.

ESG 평가 점수의 불일치는 투자자와 기업 모두에게 가장 큰 혼란을 주는 지점이다. 이를 학계와 시장에서는 **'ESG 평정 분산(ESG Rating Divergence)'** 문제라고 부른다. 신용평가사들의 점수 일치도가 90%를 넘는 것과 대조적으로, ESG는 왜 이토록 차이가 큰지 구체적인 수치와 사례를 통해서 분석하면 다음과 같다.

1. 통계로 보는 불일치: 신용등급 vs ESG 등급

MIT 슬론 경영대학원의 '애그리게이트 컨퓨전 프로젝트(Aggregate Confusion Project)' 연구 결과는 이 격차를 숫자로 명확히 보여 준다.

비교 항목	상관계수(Correlation)	의미
재무 신용등급 (S&P vs Moody's)	0.99	두 기관의 판단이 거의 일치함 (객관적 사실 기반)
ESG 평가등급 (주요 6개 기관)	0.38 ~ 0.71	기관마다 판단이 매우 다름 (주관적 해석 개입)

- **해석**: 상관계수가 0.5 수준이라는 것은, 한 기관에서 '우수' 등급을 받은 기업이 다른 기관에서는 '보통' 이하를 받을 확률이 매우 높다는 뜻이다.

2. 실제 기업 사례: 테슬라(Tesla)의 극과 극 평가

가장 유명한 사례는 **테슬라**다. 테슬라는 환경(E) 측면에서 혁신적이지만, 지배구조(G)와 사회(S) 측면에서는 비판을 받으며 기관별로 극단적인 점수를 받았다.

- **MSCI**: 테슬라의 탄소 배출 저감 능력을 높게 평가하여 비교적 양호한 등급을 유지했다.
- **S&P Global**: 2022년, 테슬라를 'S&P 500 ESG 지수'에서 **전격 제외**했다. 이유는 인종 차별 이슈와 자율주행 관련 사고 대처 미흡 등 '사회(S)'와 '지배구조(G)' 리스크 때문이었다.

- **결과**: 투자자들은 혼란에 빠졌다. "전기차를 만드는 회사가 ESG 지수에서 빠지는 게 말이 되느냐"는 항의와 "환경이 전부는 아니다"라는 옹호가 팽팽히 맞섰다.

3. 왜 이런 차이가 발생하는가?(3가지 핵심 원인)

MIT 연구진은 점수 불일치의 원인을 다음 세 가지 구조적 요인으로 분석했다.

- **측정 범위의 차이(Scope Divergence)**: 어떤 기관은 '직원 복지'를 중요 지표로 넣고, 어떤 기관은 이를 제외한다. 평가 대상 자체가 서로 다른 경우다.
- **측정 방식의 차이(Measurement Divergence)**: '노동권'을 평가할 때, 어떤 기관은 '노조 가입률'을 보고, 어떤 기관은 '근로자 소송 건수'를 본다. 같은 목표를 두고도 잣대가 다르다.
- **가중치의 차이(Weighting Divergence)**: 환경(E)에 50%의 비중을 두느냐, 지배구조(G)에 50%를 두느냐에 따라 최종 점수는 완전히 달라진다.

4. 시사점: 공시의 한계가 만든 '해석의 늪'

이러한 점수 불일치는 결국 **기업이 제공한 공시 데이터가 파편화되어 있고, 이를 통합적으로 검증할 표준화된 필터가 없었기 때문**에 발생한다.

- **기업의 대응**: 점수가 잘 나오는 기관의 기준에만 맞춰 보고서를 작성하는 '평가 쇼핑' 현상이 나타난다.
- **투자자의 피로**: 어떤 점수를 믿어야 할지 몰라 ESG 투자를 기피하거나, 자체 분석 팀을 꾸려 직접 데이터를 검증하려 한다.

이러한 '해석의 혼란'을 잠재우기 위해 최근 AI가 도입되고 있다. AI는 평가기관의 주관적 가중치를 배제하고, **실시간 원천 데이터(Raw Data)를 직접 분석하여 일관된 패턴**을 찾아내기 때문이다.

5. AI가 객관적인 '제3의 시각'을 제시하는 3가지 핵심 기술적 원리

주요 ESG 평가기관 간의 점수 격차, 즉 '애그리게이트 컨퓨전(Aggregate Confusion)'을 해결하기 위해 AI가 도입되는 방식은 단순히 계산을 빠르게 하는 수준을 넘어선다. AI는 기업이 제공한 '정제된 공시'가 아니라, 세상에 흩어진 '원천 데이터(Raw Data)'를 직접 연결하여 주관적 해석의 개입을 최소화한다.

NLP(자연어 처리)를 통한 '맥락의 객관화'

기존 평가는 사람이 보고서를 읽고 "이 기업의 정책은 우수하다"고 주관적으로 판단했다. 반면 AI는 **NLP 기술**을 활용하여 수만 개의 텍스트 데이터에서 일관된 패턴을 추출한다.

- **감성 분석(Sentiment Analysis)**: 기업의 자화자찬식 보고서와 실제 뉴스, NGO 리포트, SNS에서의 평판을 대조한다. 예를 들어, 기업은 "상생 경영"을 외치는데 현지 뉴스에서 "임금 체불" 키워드가 반복된다면 AI는 이를 즉각 '부정적 신호'로 감지하고 점수 간극을 조정한다.
- **토픽 모델링**: 특정 ESG 이슈가 일시적인 해프닝인지, 구조적인 결함인지 데이터의 빈도와 연결망을 분석하여 판단한다.

대체 데이터(Alternative Data)의 실시간 결합

평가기관마다 점수가 다른 이유는 기업이 준 공시 자료(Self-reported data) 외에 참고할 데이터가 부족했기 때문이다. AI는 기업의 통제를 벗어난 '대체 데이터'를 실시간으로 결합하여 판단의 근거를 확장한다.

- **위성 이미지 분석**: 탄소 배출량이나 산림 파괴 정도를 기업의 보고서 수치에 의존하지 않고, 위성 데이터를 통해 실시간으로 직접 측정한다.
- **IoT 및 센서 데이터**: 공급망 내 공장의 실제 가동 시간, 에너지 소비량, 폐수 배출 데이터를 실시간으로 수집하여 공시 데이터와의 일치 여부를 검증한다.

- **효과**: 해석의 여지가 있는 '문장'이 아니라, 부정할 수 없는 '물리적 수치'를 기반으로 평가하기 때문에 기관 간의 판단 오류를 줄인다.

머신 러닝 기반의 '동적 가중치(Dynamic Weighting)' 모델

전통적인 평가는 산업별로 고정된 가중치(예: IT 산업은 환경보다 거버넌스 중시)를 적용한다. 하지만 AI는 **머신 러닝 알고리즘**을 통해 리스크와 수익률 간의 상관관계를 실시간으로 학습하여 가중치를 조정한다.

- **이슈 민감도 분석**: 특정 시점에 해당 산업에서 가장 치명적인 리스크가 무엇인지 AI가 데이터를 통해 스스로 학습한다(예: AI 윤리 이슈가 급부상하면 테크 기업 평가에서 G 항목의 비중을 자동으로 상향).
- **상관관계 검증**: 수천 개의 변수 중 실제 기업의 재무 성과나 사고 발생에 가장 큰 영향을 미치는 변수를 찾아내어, 중요도가 낮은 지표 때문에 점수가 왜곡되는 현상을 방지한다.

'보고서의 시대'에서 '신호의 시대'로

AI가 제시하는 제3의 시각은 "기업이 무엇이라 말하는가(Words)"가 아니라 "데이터가 무엇을 가리키는가(Signals)"에 집중한다.

- **일관성**: 동일한 알고리즘을 적용하므로 평가의 일관성이 확보된다.
- **적시성**: 1년 주기가 아닌, 매일 업데이트되는 실시간 점수를 제공한다.
- **검증 가능성**: 점수의 근거가 되는 원천 데이터(Raw Data)를 추적할 수 있어 투명하다.

이러한 기술적 진보는 결국 "ESG는 믿을 수 없다"는 불신을 "데이터로 입증 가능하다"는 확신으로 바꾸는 결정적 계기가 되고 있다.

이제 기업들은 AI의 눈을 피하기 위해 더 정교한 보고서를 쓰는 대신, 실제 현장의 데이터를 관리해야 하는 상황에 놓였다.

4장

피로감의 정체:
우리는 무엇을 위해 지표를 채우는가

ESG가 많아서가 아니라, 의미 없이 반복되기 때문이다

"ESG가 너무 많다"는 말의 오해

오늘날 기업 현장에서 가장 흔히 들리는 하소연은 "ESG가 너무 많다"는 것이다. 경영진은 끝없는 규제에 머리를 싸매고, 실무자들은 쏟아지는 설문과 보고서 마감에 지쳐 간다. 투자자들 역시 넘쳐 나는 정보 속에서 정작 무엇을 믿어야 할지 모르겠다며 피로를 호소한다.

이때 흔히 나오는 진단은 "ESG가 과도해졌다"는 것이다. 하지만 이는 병명은 맞췄을지언정 원인은 잘못 짚은 처방이다. **ESG 피로감의 진짜 원인은 ESG의 '양'이 아니라, '의미 없는 반복'에 있다.**

'경영의 언어'에서 '행정의 언어'로의 전락

본래 ESG는 **경영 판단의 언어**였다. 환경 사고를 예방하기 위해 공정을 어떻게 바꿀 것인가, 공급망의 노동 리스크를 어떻게 관리할 것인가 등 기업의 생존 전략과 직결된 질문들이 핵심이었다.

하지만 ESG가 급격히 제도화되면서, 이는 점차 **응답과 보고의 언어**로 변질되었다. 수많은 평가기관, 투자자, 고객사가 각기 조금씩 다른 양식의 설문과 지표를 요구하기 시작했기 때문이다. 이제 기업은 "무엇을 바꿀 것인가"가 아니라 "무엇을 제출했는가"를 묻는 체계에 갇혀 버렸다. 이 순간 ESG는 역동적인 전략이 아닌, 지루한 행정 업무가 되었다.

숫자로 보는 피로감: 600개의 질문과 사라진 전략

글로벌 대기업 ESG 담당 부서가 1년에 대응해야 하는 설문과 질문은 평균 **400~600개**에 달한다.

- 비슷한 질문이 단어만 바뀐 채 반복되고,
- 같은 데이터를 이 플랫폼 저 플랫폼에 다른 양식으로 입력해야 한다.

실제로 ESG 담당자의 업무 시간 중 **50% 이상이 데이터 입력과 보고서 작성**에 소모된다는 조사 결과가 있다. 정작 중요한 현장 점검이나

개선 활동에 투입될 에너지가 '문서 관리'에 소진되는 것이다. 실무자
들은 "내가 전략가인지, 타자수인지 모르겠다"는 무력감에 빠진다.

글로벌 공급망의 역설: 중복 실사의 늪

이 피로감은 글로벌 공급망의 하단으로 갈수록 극대화된다. 다국적
기업과 거래하는 중견·중소기업들은 수십 개의 고객사로부터 제각각
의 ESG 실사 요청을 받는다. 각 고객사는 "우리만의 기준"을 강조하지
만, 질문의 80% 이상은 대동소이하다.

기업은 실제 환경을 개선하거나 근로 조건을 바꿀 돈과 시간을 '고객
사 제출용 서류'를 만드는 데 쓴다. 지속가능성을 높이려는 ESG가 오
히려 조직의 자원을 갉아먹는 역설이 발생하는 지점이다.

AI는 왜 ESG 피로의 구원자가 아닌 '심판자'인가

많은 조직이 AI를 통해 설문을 자동 응답하고 보고서를 대신 써 주
길 기대한다. 물론 AI는 반복 업무를 줄여 줄 수 있다. 하지만 AI의 진
정한 무서움은 "당신이 반복해서 제출하는 그 데이터가 정말 일관적인
가?"를 묻는다는 점에 있다.

AI는 더 이상 기업에 600개의 질문을 던지지 않는다. 대신 이미 공개
된 데이터, 외부 신호, 과거 패턴을 연결해 기업을 **상시 관찰하고 있다.**

- "보고서에는 상생을 말하는데, 왜 지역 언론에는 민원이 반복되는가?"
- "탄소 감축 계획은 화려한데, 왜 전력 사용량 패턴은 그대로인가?"

이제 기업은 '틀리지 않는 답'을 쓰는 기술이 아니라, '실제로 행동하고 입증하는 능력'을 요구받게 된다. AI는 행정의 언어로 도망치려던 ESG를 강제로 경영의 언어로 끌어내리고 있다.

피로감은 전환을 요구하는 신호다

ESG 피로감은 현재의 '공시 및 설문 중심 모델'이 한계에 도달했음을 알리는 신호다. 의미 없는 반복을 멈추기 위해서는 ESG를 다시 **의사결정의 자리**로 돌려놓아야 한다.

- **보고**는 목적이 아니라 수단이 되어야 하고,
- **데이터**는 평가 점수를 높이는 도구가 아니라 실제 리스크를 줄이는 신호가 되어야 한다.

ESG는 너무 많아서 문제가 된 것이 아니다. **결정과 연결되지 않은 채 겉돌았기 때문에 문제가 된 것이다.** 구조적 피로감을 넘어, 이제 ESG는 새로운 감시자를 맞이하고 있다. 바로 '보이지 않는 이해관계자'인 AI다.

표준화와 AI가 행정의 짐을 덜어 준다면, 남은 에너지는 어디로 향해야 하는가?

우리는 다시 근본적인 질문으로 돌아가야 한다. 이 모든 지표는 '누구의 가치'를 지키기 위해 존재하는가? 다음 장에서는 이 지속가능성의 언어가 정작 누구를 소외시켜 왔는지 살펴본다.

기업들이 겪는 '공급망 중복 실사'와 그로 인한 피로감은 이제 글로벌 자본시장의 심각한 저해 요소로 인식되고 있다. 이를 해결하기 위해 **ISSB(국제지속가능성기준위원회), EU(유럽연합),** 그리고 **GRI(글로벌 리포팅 이니셔티브)** 등 주요 표준 제정 기관들이 2024년부터 본격적으로 '상호운용성(Interoperability)'을 강화하고 있다.

2026년 현재, 중복 실사 문제를 해결하기 위한 구체적인 글로벌 움직임 3가지를 정리하면 다음과 같다.

1. ISSB와 ESRS의 '공통 분모' 확대(상호운용성 지침)
가장 큰 성과는 세계 표준인 ISSB(IFRS S1, S2)와 유럽 표준인 **ESRS(유럽 지속가능성 보고 표준)** 사이의 격차를 줄인 것이다.

- **한 번의 보고로 양쪽 충족**: 2024년 5월, IFRS 재단과 EFRAG(유럽 재무 보고 자문그룹)는 '상호운용성 지침(Interoperability Guidance)'을 공동 발표했다.
- **기후 공시의 일치**: 특히 기후 관련 공시(S2와 ESRS E1)에서 두 기준이 매우 유사하게 설계되어, 유럽 규제를 지키는 기업은 ISSB 기준도 거의 동시에 충족하는 것으로 인정받게 되었다.
- **효과**: 다국적 기업의 공급망에 있는 한국 기업들이 고객사마다 다른 양식을 써야 했던 수고가 대폭 줄어들고 있다.

2. '이중 공시' 방지를 위한 디지털 태그(Tagging) 도입[5]

단순히 기준만 맞추는 것이 아니라, 데이터가 시스템적으로 흐를 수 있도록 하는 작업이 진행 중이다.

- **IFRS 지속가능성 공시 택소노미**: ISSB는 공시 데이터에 디지털 태그를 붙여 컴퓨터가 바로 읽을 수 있게 하는 디지털 분류 체계(Taxonomy)를 확정했다.
- **데이터 호환성**: 기업이 한 번 데이터를 입력하면 AI나 평가기관의 시스템이 이를 자동으로 추출해 각기 다른 보고서 양식에 맞게 재구성할 수 있다. 이는 실무자가 수백 개의 엑셀 시트에 수기로 데이터를 옮기던 '단순 반복 노가다'를 획기적으로 줄여주는 기술적 토대가 된다.

3. 중소기업(SME)을 위한 '간소화된 공시 기준' 마련[6]

공급망의 하단에 있는 중소기업들의 피로감을 줄이기 위해 'Light 버전'의 공시 기준들이 등장했다.

- **ESRS LSME(상장 중소기업용) 및 VSME(비상장 중소기업용)**: EU는 대기업용 표준보다 훨씬 간소화된 중소기업용 표준을 제정했다. 공급망 내 중소기업은 이 표준에 맞춰진 핵심 지표(Core Metrics)만 관리하면 수많은 고객사의 개별 요구에 대응할 수 있는 '표준 답변서'를 갖게 된다.
- **OECD 중소기업 지속가능성 보고 대화**: 2025년 말부터 OECD는 중소기업들이 공급망 내에서 겪는 실사 부담을 줄이기 위해 각국 정부와 협력하여 '범국가적 실사 통합 가이드라인'을 배포하기 시작했다.

---

5 '데이터 태깅' 기술은 2026년 본격화되는 DPP(디지털 제품 여권)와 직결된다. 디지털 태깅은 단순히 보고서 작성을 돕는 도구가 아니다. 이는 제품의 탄소 발자국이 공급망 전체를 타고 흐르게 하는 '데이터의 혈맥'이며, 이를 갖추지 못한 기업은 글로벌 표준화의 혜택에서 소외될 것이다.

6 중소기업(SME)의 생존 전략: 중소기업용 간소화 표준(VSME)은 단순한 배려가 아니라 '공급망 내에서의 신용 등급' 역할을 한다. 이제 중소기업에게 표준화된 공시는 '귀찮은 숙제'가 아니라, 글로벌 대기업과 거래하기 위한 '디지털 통행증'이다. AI는 이 통행증에 담긴 데이터의 신뢰성을 실시간으로 검증한다.

4. 중복 실사 해결의 3대 키워드

해결 방안	핵심 내용	기대 효과
기준 통합	ISSB-ESRS 간의 공통 지표 사용	중복 리포팅 비용 감소
디지털화	AI가 읽을 수 있는 데이터 태그 도입	수기 입력 및 보고서 작성 업무 자동화
SME 특화	중소기업용 간소화 표준 보급	공급망 하단 기업의 자원 소모 방지

5. 표준화가 가져올 미래

결국 이러한 글로벌 표준화 움직임은 "데이터는 한 번만 생산하고, 여러 번 활용한다(Report once, use many times)"는 원칙을 실현하기 위함이다. 표준화가 완성될수록 기업은 보고서 작성이라는 '행정'이 아니라, 실제 탄소를 줄이고 인권을 개선하는 '경영'에 더 집중할 수 있게 된다.

이러한 표준화 흐름 속에서 우리 기업들이 가장 시급하게 도입해야 할 '데이터 관리 솔루션'이나 'AI 활용 기술'은 이제 선택이 아닌 필수이다.

5장

지속가능성의 언어:
누구를 위한 성장이었는가

전문가의 문법에서 삶의 언어로

잃어버린 주어, 지속가능성의 역설

지속가능성(Sustainability)은 본래 어려운 말이 아니었다. 그것은 "우리가 내일도 이 땅에서 무사히 살아갈 수 있는가?"라는 지극히 상식적이고 실존적인 질문에서 출발했다. 깨끗한 물을 마실 수 있는지, 일터에서 다치지 않고 안전하게 귀가할 수 있는지, 우리가 누리는 풍요가 다음 세대의 기회를 박탈하고 있지는 않은지. 이 질문들은 누구에게나 직접적인 문제였으며, 평범한 시민의 언어로 충분히 설명 가능한 영역이었다.

그러나 이 담론이 ESG(환경·사회·지배구조)라는 경영과 금융의 틀

안으로 들어오는 순간, 상황은 급변했다. 지속가능성은 갑자기 복잡한 지표와 생소한 약어들의 세계로 편입되었다. GRI, SASB, TCFD와 같은 공시 표준, Scope 1·2·3라는 탄소 배출 분류, 그리고 '이중 중대성(Double Materiality)' 같은 고도의 개념들이 쏟아져 나왔다.

어느덧 지속가능성은 보고서와 지표, 점수와 등급의 형태로만 존재하게 되었다. 그 언어를 해석할 수 있는 사람은 자본시장의 전문가와 규제 당국자로 한정되었다. 이 과정에서 지속가능성의 '진짜 주인'이어야 할 시민과 현장의 목소리는 언어의 바깥으로 밀려났다. 이것이 바로 현대 ESG가 마주한 가장 거대한 역설이다.

정제된 언어가 만든 '거리두기'

ESG가 전문가의 언어가 된 데에는 그만한 이유가 있었다. 자본주의 시스템 안에서 지속가능성을 작동시키기 위해서는 이를 측정 가능하고 비교 가능한 형태로 바꾸어야 했기 때문이다. 투자자는 투입 대비 성과를 확인할 수 있는 숫자를 원했고, 규제 기관은 기업들을 일렬로 세울 수 있는 표준화된 잣대를 요구했다.

문제는 이 '정제'의 과정이 필연적으로 '거리두기'를 낳았다는 점이다. 현장에서 벌어지는 구체적인 사건, 노동자의 땀과 눈물, 지역 주민의 불안 같은 생생한 맥락은 보고서 작성 과정에서 추상화되고 요약되었다. 기업의 지속가능성 보고서는 점차 '살아 있는 경험'을 기록하는 매체가 아니라, '관리 가능한 항목'을 나열하는 기술 문서가 되었다.

기업 보고서는 대개 상향식(Bottom-up)이 아닌 하향식(Top-down) 관리 체계를 설명한다. 리스크를 어떻게 인식하고 어떤 정책을 수립했는지를 사후적으로 재구성한다. 하지만 현장의 문제는 즉각적이다. 악취와 소음, 안전사고와 고용 불안은 정책적 설명을 기다려 주지 않는다. 이 간극 속에서 ESG는 대중에게 "현실과 동떨어진, 그들만의 세련된 수사(Rhetoric)"라는 냉소적인 인식을 심어 주게 되었다.

나이지리아 니제르 델타: 보고서와 현실의 정면충돌

이러한 언어의 괴리가 가져오는 위험을 가장 극명하게 보여 주는 사례는 나이지리아 니제르 델타(Niger Delta) 지역의 석유 오염 분쟁이다. 오랜 기간 글로벌 에너지 기업들은 지속가능성 보고서를 통해 자신들의 오염 관리 체계와 복구 계획이 국제 표준에 부합한다고 공언해 왔다. 공식 문서에는 '철저한 관리', '신속한 조치 진행'이라는 표현이 매년 반복되었다.

그러나 실제 현장의 풍경은 전혀 달랐다. 현지 주민들은 오염된 강에서 죽어 가는 물고기, 시커먼 기름띠가 덮인 농지, 피부병에 걸린 아이들의 모습을 스마트폰에 담아 SNS에 실시간으로 올렸다. 정제된 보고서의 언어와 가공되지 않은 삶의 언어가 디지털 광장에서 정면으로 충돌한 것이다.

이 '주변부의 목소리'는 과거라면 지역적인 소요로 묻혔을지 모른다. 하지만 이제 이 이미지와 증언들은 국경을 넘어 전 세계 NGO와 투자자들에게 도달하고 있다. 보고서가 "문제가 없다"고 말할 때, 현장의 언어는 "우리가 죽어 가고 있다"고 외쳤다. 결국 이 시각적 데이터들은 법적 증거로 채택되었고, 기업의 평판과 재무 상태에 치명적인 타격을 입혔다. 전문가의 언어가 현장의 진실을 가리는 방패가 될 수 없음을 증명한 상징적 사건이다.

AI, '느껴지는 리스크'를 '보이는 데이터'로 전환하다

그동안 지역 주민이나 노동자의 목소리가 무시되었던 이유는 그것이 '비과학적'이거나 '주관적'이라는 편견 때문이었다. 개인의 증언은 일시적이며, 공식 데이터보다 신뢰도가 낮다고 간주되었다. ESG 시스템은 오직 '증명 가능한 것'만을 중심에 두었고, 현장에서 '느껴지는 것'은 주변부로 밀어냈다.

하지만 인공지능(AI)의 등장은 이 권력 구조를 근본적으로 뒤흔들고 있다. AI는 전문가의 완벽한 문장을 기다리지 않는다. 오히려 파편화되어 흩어지는 데이터들—지역 언론의 단신 기사, SNS 게시물, NGO의 거친 보고서, 위성 이미지 등—을 수집하고 연결한다.

AI는 해당 정보가 공식적인 통로를 거쳤는지 묻지 않고, 대신 이렇게 묻는다. **"이 신호가 서로 다른 출처에서 반복적으로 감지되는가?" "이 현장 목소리의 패턴이 기업의 공식 보고서와 배치되는가?"**

글로벌 ESG 리스크 분석 기관인 RepRisk나 Truvalue Labs 등과 같은 기관들의 조사에 따르면, 주요 ESG 리스크의 70% 이상이 기업의 공시 자료가 아니라 외부의 비정형 데이터(뉴스, SNS, 시민단체 자료 등)에서 먼저 포착되고 있다. 이러한 분석 기관들은 기업이 스스로 제출한 보고서를 아예 분석 대상에서 제외하기도 한다. 오직 외부의 독립적인 시선(Third-party Perspective)만을 모아 점수를 산출함으로써, 기업의 자화자찬식 언어를 원천 차단하는 것이다.

AI는 이제 전문가의 언어 밖에 있던 '주변부의 목소리'를 유의미한 '신호(Signal)'로 격상시켰다. 지속가능성은 더 이상 위에서 아래로 내려오는 일방적인 선언이 아니라, 아래에서 위로 올라오는 데이터의 패턴이 된 것이다.

AI가 '삶의 언어'를 수용하는 데 있어, 거대언어모델(LLM)이 텍스트, 이미지, 오디오 등 비정형 데이터(Unstructured Data)를 처리한다. 즉, AI는 이제 노동자의 거친 사투리가 담긴 인터뷰나 주민들이 올린 흐릿한 오염 사진 속에서도 '환경 위반'이나 '인권 침해'의 패턴을 읽어 낸다. 인간 전문가가 '주관적'이라며 밀어냈던 데이터가 AI에게는 가장 정직한 리스크의 원천이 된다.

다시, 지속가능성의 주어는 누구인가?

이제 ESG의 언어는 이동하고 있다. **보고서에서 현장으로, 전문가에서 이해관계자로, 그리고 화려한 선언에서 구체적인 경험으로** 그 중심축이 옮겨 가고 있다.

이것은 전문가의 역할을 부정하는 것이 아니다. 오히려 전문가의 임무를 재정의한다. 이제 전문가의 역할은 지표를 관리하는 기술자를 넘어, 현장의 복잡한 언어를 해석하고 기업의 경영 전략에 연결하는 '번역가'이자 '조율사'가 되어야 한다.

지속가능성은 다시 '이야기'가 되고 있다. 다만 이 이야기는 감정적인 호소에 그치지 않고, 수만 개의 데이터 포인트가 뒷받침하는 차갑고도 뜨거운 증거 위에 서 있다. AI는 ESG를 비인간적인 기술의 영역으로 만드는 것이 아니라, 그동안 시스템이 배제해 왔던 인간의 경험을 구조 안으로 끌어들이는 강력한 도구로 작동하고 있다.

이 장이 던진 질문은 단순하다. **"지속가능성은 누구의 언어였는가?"** 과거에는 그것이 자본과 전문가의 점유물이었다면, 이제는 마땅히 그 영향을 직접 받는 사람들의 언어가 되어야 한다. 기업의 지속가능성이 보고서라는 종이 위에서만 안전하게 머물고 있지는 않은지, 우리는 지금 당장 현장의 언어로 되물어야 한다.

다음 장에서는… 주변부의 목소리가 데이터가 되어 중심부로 진입하는 이 거대한 흐름 속에서, 과연 AI는 무엇을 리스크의 결정적 신호로 보는지, 그리고 왜 AI가 기업의 운명을 결정짓는 '보이지 않는 이해관계자'로 불리는지 그 실체를 추적해 본다.

이 글을 읽으면서, 여러분의 조직이나 일상에서 "지표상으로는 문제가 없지만 실제로는 위태롭다"고 느껴지는 영역이 있다면 무엇인가?

                        AI 시대, ESG의 정의

결국 미래의 ESG 실무자는 지표를 채우는 사람이 아니라, AI가 포착한 현장의 파편화된 신호들을 읽어 내어 조직의 체질 개선으로 연결하는 '맥락의 기획자'가 되어야 한다. 그렇다면 AI는 구체적으로 현장에서 무엇을 '결정적 신호'로 보는가?

2부

알고리즘의 시선: AI가 흔드는 ESG 정보 질서

6장

데이터의 눈:
AI는 당신의 기업에서 무엇을 보는가

성과가 아니라 신호를 읽는 눈

AI는 '착한 기업'을 찾지 않는다.

우리는 흔히 AI가 ESG를 분석한다고 하면, 슈퍼컴퓨터가 방대한 데이터를 검토해 "어떤 기업이 더 도덕적이고 착한가"를 판별해 줄 것이라 상상하곤 한다. 하지만 이는 AI의 본질을 오해한 결과이다. AI는 가치 중립적인 존재다. 선의(Goodwill)와 악의를 구분하지 않으며, 기업의 경영 철학이 얼마나 숭고한지에 대해서도 별다른 감흥을 느끼지 못한다.

AI가 ESG라는 거대한 담론에서 포착하는 것은 '도덕성'이 아니라 '패턴'이다. 인간 분석가가 기업의 목표 달성 여부나 등급 점수 같은 '성과

 AI 시대, ESG의 정의

(Outcome)'에 집중할 때, AI는 그 성과 이면에 숨겨진 수만 가지의 '신호(Signal)'를 읽어 낸다. 이 차이를 이해하는 것이 AI 시대 ESG의 본질을 꿰뚫는 첫 번째 관문이다. AI는 기업의 화려한 공약보다는, 그 공약이 실천되는 과정에서 발생하는 미세한 균열과 흔적들을 추적한다.

인간은 결과(Outcome)를 보고, AI는 과정(Process)을 본다

전통적인 ESG 평가 방식은 '사후적'이며 '결과 중심'이었다. "지난해 환경 사고가 있었는가?", "노동법 위반으로 처벌받은 적이 있는가?"와 같은 질문이 평가의 핵심이었다. 이는 매우 명확하고 합리적인 기준처럼 보이지만, 치명적인 단점이 있다. 이미 사고가 터진 뒤에야 대응할 수 있다는 점, 즉 '한 발 늦은 평가'가 될 수밖에 없다는 사실이다.

반면 AI의 사고방식은 '사전적'이며 '과정 중심'이다. AI는 대형 사고라는 결과가 나타나기 훨씬 전부터 발생하는 전조 현상에 주목한다. AI의 질문은 다음과 같다.

- "이 기업과 관련해 특정 지역에서 환경 관련 민원의 빈도가 높아지고 있는가?"
- "부정적 언급의 강도가 시간이 갈수록 강화되고 있는가?"
- "서로 다른 출처(뉴스, SNS, NGO 보고서)에서 동시에 유사한 경고가 포착되는가?"

즉, AI는 "무슨 일이 일어났는가"보다 "무슨 일이 일어날 확률이 높아지고 있는가"를 묻는다. 인간의 눈에는 그저 흩어져 있는 노이즈(Noise)에 불과한 정보들이 AI의 필터를 거치면 강력한 리스크 신호로 변모한다.

신호의 세 가지 기둥: 반복성, 추세, 비공식성

AI가 ESG 리스크를 판단할 때 가장 중요하게 여기는 세 가지 핵심 요소는 반복성, 추세, 그리고 비공식 반응이다.

첫째는 단일 사건보다 무서운 '반복성'이다. 한 번의 작업장 안전사고는 불운한 우연일 수 있다. 하지만 규모는 작더라도 유사한 유형의 안전 문제가 여러 사업장에서 반복된다면, AI는 이를 기업의 '구조적 결함'으로 인식한다. 사람은 "큰 사고는 없었다"며 안심할 때, AI는 "충분한 경고가 쌓였다"며 위험 등급을 올린다.

둘째는 단기 목표보다 강력한 '추세'이다. 기업의 지속가능성 보고서는 흔히 특정 연도의 괄목할 만한 성과를 강조한다. 하지만 AI는 5년, 10년 단위의 연속된 데이터를 연결해 방향성을 읽는다. 일시적인 개선인지, 아니면 장기적으로 악화되는 과정에서의 '반짝 성과'인지를 판별해 내는 것이다. 선언적인 목표보다 데이터가 그리는 궤적을 더 신뢰하는 셈이다.

셋째는 공식 발표보다 정직한 '비공식 반응'이다. 기업이 배포하는 보도 자료는 고도로 정제되어 있다. 그러나 AI는 가공되지 않은 현장의 목소리에 더 큰 비중을 둔다. 지역 언론의 단신, SNS에 올라온 노동자의 불만, NGO의 비정형 보고서 등이 AI에게는 훨씬 더 날것의, 정직한 정보가 된다. 공식 메시지와 현장 반응 사이의 간극이 커질수록 AI는 해당 기업의 신뢰도 점수를 과감하게 깎아내린다.

글로벌 사례: RepRisk가 보여 주는 실시간 감시의 힘

이러한 AI 기반의 분석이 어떻게 현실에서 작동하는지는 글로벌 ESG 리스크 분석 기관인 **RepRisk**의 사례에서 극명하게 나타난다. 이들은 기업이 스스로 작성한 보고서를 거의 신뢰하지 않는 것으로 유명하다. 대신 전 세계 15만 개 이상의 외부 데이터 소스를 매일 24시간 분석한다.

RepRisk의 AI는 매일 쏟아지는 방대한 뉴스 기사와 SNS 게시물의 '톤(Sentiment)'을 분석하고, 해당 이슈가 얼마나 확산되는지를 측정한다. 이 시스템하에서 기업은 1년에 한 번 보고서를 내는 것으로 책임을 다할 수 없다. 매일 아침 AI에 의해 갱신되는 리스크 지수가 기업의 실제 평판과 투자 가치를 실시간으로 대변하기 때문이다.

기존의 ESG가 연례행사였다면, AI가 주도하는 ESG는 '상시 감시 체계'로 전환되었다. 이는 기업 경영의 패러다임을 '설명하는 능력'에서 '행동의 일관성'으로 완전히 바꾸어 놓았다.

할루시네이션(Hallucination)에 대한 선제적 방어

우리는 AI의 판단이 늘 옳은지에 대한 의구심을 해소할 수 없다. 최신 AI 분석 도구들이 '교차 검증(Cross-verification)'을 수행하는 데 있어 AI는 단순히 하나의 SNS 글에 반응하지 않는다. 텍스트 데이터에서 포착된 신호를 위성 사진이나 공급망 결제 데이터와 대조하는 '다각도 검증(Triangulation)'을 통해 할루시네이션(환각)을 걸러내고 사실 기반의 리스크를 확정한다.

감성 분석(Sentiment Analysis)의 진화

AI는 단순한 긍부정을 넘어 '진정성 지수(Authenticity Index)'를 측정한다. 최신 NLP(자연어 처리)[7] 알고리즘은 기업의 사과문이나 공식 입장문의 문체를 분석하여, 그것이 진심 어린 개선 의지인지 아니면 법적 책임을 피하기 위한 기계적인 수사인지를 데이터 패턴으로 읽어낸다.

ESG 판단의 축 이동: '의도'에서 '행동'으로

AI의 시선은 때로 냉혹하고 불편하다. AI는 기업의 "노력하고 있다"

---

7 컴퓨터가 인간의 언어(음성 및 텍스트)를 이해하고, 해석하며, 생성하도록 하는 AI 분야다.

는 변명이나 "장기적인 비전을 세웠다"는 감성적인 수사를 이해하지 못한다. 행동 데이터가 뒷받침되지 않는 모든 의도는 AI에게 무의미한 데이터에 불과하다.

결국 AI는 ESG 판단의 토대를 성과 기반(Outcome-based)에서 행동 기반(Behavior-based)으로 이동시키고 있다.

- "지표를 달성했는가"보다 "일관된 행동 패턴을 보이는가"가 중요해진다.
- "보고서를 잘 썼는가"보다 "현실의 신호와 충돌하지 않는가"가 핵심이 된다.

AI는 인간의 판단을 완전히 대신하지는 않지만, 인간이 판단을 내리는 '운동장' 자체를 바꾸고 있다. 이제 기업은 단기적인 성과를 포장하는 기술보다, 조직 내부의 작은 신호들을 민감하게 감지하고 이를 즉각적으로 행동에 반영하는 능력을 갖추어야 한다. AI는 묻지 않는다. "당신들은 무엇을 약속했는가?" 대신 이렇게 묻는다. "지금 이 순간, 당신들의 현장에서는 어떤 신호가 반복되고 있는가?"

다음 장에서는… AI가 포착하는 이 '신호'들이 왜 기업의 공식 공시 자료보다 더 강력한 힘을 갖게 되었는지, 그리고 뉴스·SNS·공급망 데이터가 어떻게 ESG 판단의 새로운 중심 무대로 떠올랐는지 그 구체적인 경로를 살펴볼 것이다.

AI의 눈은 기업이 조명을 비추는 '보고서'를 보지 않는다. 오히려 기업이 조명을 끄고 싶어 하는 '비공식적 그늘'—뉴스 이면의 행간, 현지 노동자의 해시태그, 국경 너머 3차 협력사의 가동 상태—을 본다. 그 구체적인 데이터의 전쟁터로 들어가 보자.

혹시 여러분의 조직에서 '수치상으로는 정상이지만 내부적으로는 위험 신호가 계속되고 있는 부분'이 있지는 않나? AI는 이미 그 신호를 읽고 있을지도 모른다.

7장

외부의 신호:
공시보다 강력한 뉴스, SNS, 공급망 데이터

ESG는 이제 '보고서의 게임'이 아니라 '현장의 게임'이다

공시보다 먼저 도착하는 신호들

기업의 ESG 보고서는 정중하다. 보통 1년에 한 번 발행되며, 수많은 검토와 법적 자문을 거친 정제된 문장들로 가득하다. 그 안에서 기업은 완벽한 관리 체계를 갖춘 무결한 존재로 묘사되곤 한다. 하지만 현실의 위기는 결코 정중하게 찾아오지 않는다.

어느 날 새벽, 동남아시아 공급망 현장의 노동자가 올린 SNS 사진 한 장, 지역 언론의 구석에 실린 환경 민원 기사, 혹은 특정 지역 커뮤니티에서 시작된 작은 불매 운동의 조짐. 이러한 신호들은 기업이 공식적으로 인지하거나 공시하기도 전에 이미 디지털 공간을 떠돌기 시작한다.

인공지능(AI)은 이 거칠고 파편화된 정보를 놓치지 않는다. 기업이 공시를 통해 "우리는 지속가능하다"고 선언하기 훨씬 전, AI는 현장에서 뿜어내는 노이즈(Noise)를 수집하여 이미 리스크의 등급을 수정하고 있다. 이제 ESG는 보고서라는 종이 위가 아니라, 전 세계 현장에서 실시간으로 생성되는 '신호의 네트워크'가 되었다.

왜 뉴스와 SNS가 공시의 권위를 앞질렀는가?

전통적인 ESG 평가에서 뉴스나 SNS는 '신뢰할 수 없는 비공식 정보'로 취급되었다. 감정적이고 편향될 수 있다는 이유 때문이었다. 그러나 AI 기술의 비약적인 발전은 이 판단의 전제를 완전히 뒤집었다.

AI는 뉴스와 SNS를 개별적인 '사실'로 보는 것이 아니라, '반응의 축적 데이터'로 읽는다.

- 특정 이슈가 얼마나 자주 언급되는가?(빈도)
- 서로 다른 출처에서 유사한 주장이 나오는가?(일관성)
- 대화에 참여하는 사람들의 분노나 불안의 강도가 높아지고 있는가?(감성 분석)

AI에게 뉴스와 SNS는 '소문'이 아니라, 가장 정직하고 빠른 '조기 경보 시스템'이다. 기업 공시는 본질적으로 사후적이고 방어적일 수밖에

  AI 시대, ESG의 정의

없지만, 뉴스와 SNS는 즉각적이며 현장 중심적이다. AI는 이 즉각성을 통해 리스크의 골든타임을 포착한다. 공시가 나오기 전, 이미 시장의 판단은 뉴스와 SNS라는 거친 신호들 위에서 끝나는 경우가 많아졌다.

공급망: ESG의 가장 취약한 연결 고리

공시보다 강한 신호가 가장 치명적으로 작용하는 곳은 바로 **글로벌 공급망**이다. 대기업 본사는 엄격한 ESG 가이드라인을 갖추고 있지만, 실제 생산이 이루어지는 수많은 하청 및 협력사의 현장 상황을 실시간으로 파악하는 데는 한계가 있다.

정보의 비대칭이 발생하는 바로 이 지점에서 AI의 진가가 드러난다. 본사의 보고서에는 기록되지 않은 협력업체의 오염 물질 배출이나 아동 노동, 안전 수칙 미준수 사례들은 현지 지역 언론이나 활동가들의 SNS를 통해 먼저 세상에 알려진다.

과거 방글라데시 의류 공장 붕괴 사고나 동남아시아 수산물 공급망의 인권 침해 사례들을 보면, 글로벌 브랜드가 공식 입장을 내놓기 훨씬 전부터 현장의 참혹한 풍경은 스마트폰 사진과 영상을 통해 전 세계로 확산되었다. AI는 이러한 조각난 정보들을 연결해 "이 기업의 공급망 관리 능력에 구조적 결함이 있다"는 결론을 도출한다. 이제 공급망 리스크는 기업이 발표하는 순간이 아니라, 현장에서 누군가 목격하고 공유하는 순간 이미 시작된다.

SNS는 감정의 기록이 아니라 '현실의 온도계'다

기업들이 SNS 데이터를 꺼렸던 가장 큰 이유는 그것이 지나치게 감정적이라는 것이었다. 하지만 역설적으로 그 '감정의 농도'야말로 리스크의 폭발력을 측정하는 가장 정확한 척도가 된다.

AI는 SNS 데이터에서 단순히 텍스트만 읽는 것이 아니라 '사회적 압력'을 읽어 낸다.

- 분노의 방향이 기업의 특정 브랜드로 향하고 있는가?
- 문제 제기가 일회성 해프닝에 그치는가, 아니면 집단적인 행동으로 전이되고 있는가?

공시는 리스크의 '구조'를 보여 주지만, SNS는 리스크의 '체감 온도'를 보여 준다. 아무리 완벽한 안전 관리 체계를 갖췄다고 공시해도, SNS에서 분출되는 현장의 불안과 분노가 가라앉지 않는다면 AI는 이를 해소되지 않은 잠재적 위기로 간주한다.

공시의 역할 변화: 최초 정보에서 '사후 증명'으로

이러한 변화가 공시의 중요성을 약화시키는 것은 아니다. 다만 공시의 '위치'와 '역할'이 바뀌었을 뿐이다.

과거에 공시는 리스크를 세상에 알리는 최초의 공식 창구였다. 하지만 이제 공시는 현장의 신호를 통해 이미 세상에 드러난 리스크에 대해 기업이 어떻게 대응하고 있는지를 증명하는 '사후 설명서'가 되었다.

시장은 이제 기업의 보고서를 보고 리스크의 존재 여부를 판단하지 않는다. 이미 AI를 통해 리스크를 인지한 상태에서, 기업의 보고서가 그 리스크를 얼마나 정직하게 인정하고 실질적인 해결책을 제시하는지를 평가한다. 만약 현장의 신호와 공시 내용이 정면으로 충돌한다면, 그 기업은 단순한 리스크 발생을 넘어 '부도덕한 기업'이라는 지배구조(G) 차원의 치명적인 타격을 입게 된다.

'보지 않은 것'에 대한 책임의 시대

이제 ESG는 회의실의 언어 게임이 아니라 현장의 실천 게임이 되었다. AI 시대의 기업에게 요구되는 책임은 "우리는 기준대로 보고했다"는 소극적 자세를 넘어선다.

이제 기업은 "왜 현장의 신호를 우리보다 외부에서 먼저 포착했는가?"라는 질문에 답해야 한다. 책임의 정의가 '보고하지 않은 것'에서 '보지 않은 것(Failure to detect)'으로 확장되고 있기 때문이다.

현장에서 발생하는 작은 선택들—안전 규칙의 준수, 지역 주민과의 진솔한 대화, 노동자의 인권 존중—이 하나하나 쌓여 거대한 ESG 신호를 만든다. 그 신호는 보고서보다 훨씬 빠르고 강력하게 기업의 운명을 결정짓는다.

'디지털 트윈(Digital Twin)'과 ESG의 결합

실제 공장이나 공급망을 가상 세계에 구현하고, AI가 다양한 변수(기후 변화, 파업 등)를 시뮬레이션하여 미래 리스크를 예측하는 기술이 확산되고 있다.

이제 선도적인 기업들은 AI 디지털 트윈을 통해 '만약 탄소세가 2배로 인입되거나 동남아시아 협력사에서 홍수가 발생한다면 우리 ESG 점수는 어떻게 변할 것인가?'를 미리 시뮬레이션한다. 예측은 상상이 아니라 연산의 결과가 되었다.

'예측적 공시'의 등장

기업이 과거 데이터뿐만 아니라 AI 예측 모델을 기반으로 한 미래 리스크 대응 계획을 공시하는 흐름을 보이고 있다. 규제 당국은 이제 '과거에 무엇을 했는가'만큼이나 'AI가 경고하는 미래 리스크에 대해 어떤 시나리오를 가지고 있는가'를 묻기 시작했다. 공시는 이제 미래를 향한 약속이 아닌, 데이터 기반의 시뮬레이션 결과가 되어야 한다.

다음 장에서는… 공시보다 강한 신호들이 하나로 모였을 때, AI는 단순히 "무슨 일이 일어났는가"를 분석하는 수준을 넘어선다. 다음 장에서는 ESG 데이터가 어떻게 과거를 설명하는 도구에서 '미래의 리스크를 예측하는 예언자'의 역할로 진화하고 있는지 살펴본다.

지금 여러분의 기업 공급망 끝단에서 누군가 올리고 있는 SNS 사진 한 장의 무게를 생각해 본 적이 있는가? AI는 이미 그 가치를 계산하고 있다.

8장

시간의 전환:
사후 기록에서 상시 예측 시스템으로

기록의 언어에서 예측의 언어로

ESG는 언제나 '사후 성적표'였을까?

그동안 ESG 평가는 본질적으로 기록의 체계였다. 평가기관의 질문은 늘 과거를 향했다. "지난해 탄소 배출량은 얼마였는가?", "노동 분쟁이 있었는가?", "법적 제재를 받은 기록이 있는가?" 이 질문들에 대한 답이 모여 하나의 점수가 되었고, 기업은 그 성적표를 받아 들었다.

이 구조에서 ESG는 기업이 걸어온 길을 설명하는 '사후 보고서'의 역할을 수행했다. 하지만 AI가 ESG 분석의 핵심 동력으로 자리 잡으면서, 이 오래된 질문의 시제가 바뀌기 시작했다. 이제 질문은 "무슨 일이 있었는가(What happened?)"에서 "무슨 일이 일어날 것인가(What will happen?)"로 이동하고 있다. ESG가 단순한 기록의 언어를 넘어 미래를 가늠하는 '예측의 언어'로 진화하고 있는 것이다.

'데이터의 신선도(Data Freshness)' 개념

투자 알고리즘은 1년 전 PDF 보고서보다 5분 전의 뉴스 크롤링 데이터를 더 신뢰한다. AI 시대에 정보의 가치는 '정확성'만큼이나 '적시성'에서 결정된다. 낡은 데이터는 리스크를 가리는 가림막일 뿐이다. 알고리즘은 냉정하다. AI는 기업의 사회공헌 활동(CSR) 홍보 기사보다, 직장인 익명 커뮤니티(블라인드 등)에 올라오는 내부 불만 키워드의 '빈도 증가율'을 리스크 곡선에 더 강하게 반영한다.

사건 중심 ESG의 치명적 한계: 소 잃고 외양간 고치기

전통적인 사건 중심(Event-based) ESG 평가는 명확하다는 장점이 있다. 사고가 터지면 점수를 깎고, 사고가 없으면 점수를 유지한다. 하지만 이 방식은 자본시장과 기업 경영 측면에서 치명적인 결함을 가진다. 바로 '이미 늦었다'는 점이다.

환경 사고나 대규모 노동 분쟁이 발생한 시점에는 이미 기업 가치가 하락하고, 지역 사회와 생태계에는 돌이키기 어려운 피해가 발생한 뒤다. 사후 평가는 책임을 묻고 징벌을 내리는 데는 유용할지 몰라도, 리스크를 미연에 방지하거나 투자자의 자산을 보호하는 데는 거의 도움

이 되지 않는다.

우리는 그동안 수많은 글로벌 기업들이 "작년까지만 해도 ESG 등급이 우수했는데, 왜 갑자기 이런 대형 사고가 터졌는가?"라는 비판에 직면하는 것을 보아 왔다. 이는 인간의 분석 시스템이 사건이라는 결과물에만 집중한 나머지, 그 사건으로 향하는 수많은 전조 현상을 놓쳤기 때문이다.

AI는 사고를 기록하지 않고, 확률을 계산한다

AI 기반 ESG의 가장 큰 전환점은 ESG 리스크를 '확률의 문제'로 다루기 시작했다는 점이다. AI는 단일 사고를 개별적인 불운으로 보지 않는다. 대신 사고가 발생하기 전까지 축적되는 미세한 신호들을 시간축 위에 정렬한다.

AI의 알고리즘은 다음과 같은 데이터를 연결한다.

- 특정 사업장에서 민원 발생 빈도가 가속화되고 있는가?
- 관련 지역 언론 보도의 톤이 점진적으로 부정적으로 변하고 있는가?
- 유사한 업종의 타 기업에서 발생한 사고의 전조 신호가 이 기업에서도 나타나는가?

AI는 이러한 신호들의 **누적 속도와 방향성**을 계산한다. 이를 통해 "아직 사고는 발생하지 않았지만, 사고가 발생할 확률(Risk Probability)

 AI 시대, ESG의 정의

곡선이 임계점에 도달하고 있다"는 경고를 내보낸다. 인간 분석가가 "아직 큰 사고는 없으니 괜찮다"고 안심할 때, AI는 예외를 인정하지 않는 냉정한 데이터 분석을 통해 폭발 직전의 위험을 포착해 낸다.

데이터가 증명하는 전조: 65%의 법칙[8]

이러한 예측 모델은 단순한 가설이 아니다. 세계경제포럼(WEF)과 글로벌 리스크 연구 기관들의 분석에 따르면, 주요 ESG 사고의 약 65%는 실제 사건이 터지기 수개월 전부터 식별 가능한 사전 신호를 남겼다.

대형 환경 오염 사고가 발생하기 전에는 반드시 소규모 누출이나 장비 노후화에 대한 내부 고발, 혹은 지역 주민들의 간헐적인 항의가 있었다. 대규모 파업이나 노동 분쟁 전에는 SNS에서의 직원 만족도 하락과 지역 노동단체의 비판적 성명이 누적되었다.

과거에는 이 파편화된 정보들을 하나로 연결할 도구가 없었기에 '예측'이 불가능했다. 하지만 이제 AI는 이 65%의 전조 신호들을 실시간으로 결합해 하나의 '위험 곡선'으로 시각화한다. 이제 ESG 점수는 기업의 '과거 행적'이 아니라, 미래에 닥칠 '위험의 예보'가 되고 있다.

---

8 하인리히 법칙(Heinrich's Law)의 AI 버전: 1건의 대형 사고(Major Incident) 이전에 29건의 경미한 사고(Minor Incidents)와 300건의 무재해 징후(Near Misses)가 있다. 이 법칙을 ESG 데이터에 적용하여, AI가 이 300건의 '디지털 징후'를 어떻게 포착하는지 보여 준다.

ESG는 '점수'가 아니라 '곡선'이다

이 변화는 기업에게 매우 불편한 질문을 던진다. 이제 기업은 "우리는 사고를 내지 않았다"는 방어적인 답변으로 위기를 모면할 수 없다. 투자자와 평가기관은 이제 이렇게 묻기 시작했다. **"왜 이 위험 곡선의 기울기가 가팔라지고 있는가? 당신들은 이 신호를 읽고 있었는가?"**

AI 시대의 ESG 책임은 사고가 없었음을 증명하는 게임이 아니라, **사고가 발생하지 않도록 리스크를 관리하고 있음을 증명하는 게임**이다. 규정을 준수(Compliance)하는 것만으로는 충분하지 않다. 현장에서 발생하는 미세한 신호를 조기에 포착하고 개입(Intervention)했는지가 핵심 경쟁력이 된다.

결국 ESG 점수는 고정된 숫자가 아니라, 시간에 따라 출렁이는 확률 곡선으로 이해되어야 한다. 기업은 이 곡선의 기울기를 완만하게 만들기 위해 경영 시스템 전반을 재설계해야 하는 과제를 안게 되었다.

리스크 관리의 민주화와 냉정함

ESG가 확률의 언어로 이동한다는 것은 기업을 선과 악으로 나누는 도덕적 심판에서 벗어나, 실용적인 '위험 관리(Risk Management)'의 영역으로 들어왔음을 의미한다. 이는 ESG를 더 냉정하게 만들지만, 동시에 더 예측 가능하고 투명하게 만든다.

AI는 묻지 않는다. "당신은 착한 기업인가?" 대신 묻는다. **"당신들의**

위험 곡선은 통제되고 있는가?" 이 질문에 답할 수 있는 기업만이 AI가 감시하는 미래 시장에서 살아남을 수 있다.

다음 장에서는… ESG가 예측 가능한 확률의 영역으로 들어오면서, 이러한 논리가 실제 금융 시장과 투자 결정에 어떻게 적용되는지 살펴본다. ESG 등급이 어떻게 알고리즘화되고, 이것이 기업의 대출 금리와 투자 유치에 어떤 직접적인 영향을 미치는지 그 실전적인 메커니즘을 추적해 볼 것이다.

예측된 확률은 더 이상 서류상에 머물지 않는다. AI가 계산한 위험 곡선의 기울기는 즉각적으로 기업의 조달 금리를 올리고, 투자자의 매도 버튼을 누르게 만든다. 이 예측 시스템이 실제 금융 시장의 알고리즘과 어떻게 맞물려 돌아가는지 그 '돈의 메커니즘'을 추적한다.

여러분의 기업에서 지금 '작은 노이즈'로 치부되고 있는 현장의 목소리가 혹시 6개월 뒤 대형 사고의 전조는 아닐까? AI는 이미 그 확률을 계산하기 시작했다.

9장

기계의 판단:
ESG 점수는 어떻게 알고리즘이 되었는가

성적표에서 예측 엔진으로

침묵의 권력, ESG 점수의 진화

불과 몇 년 전까지만 해도 ESG 점수는 기업 보고서의 부록이나 투자 설명서의 한 귀퉁이를 장식하는 '참고 자료'에 불과했다. 점수가 높으면 "착한 기업"이라는 평판을 얻었고, 낮아도 "보완이 필요하다"는 권고를 듣는 수준이었다. 점수는 과거의 행적을 요약한 정적인 기록이었으며, 경영의 성패를 가르는 절대적인 변수는 아니었다.

하지만 오늘날 상황은 완전히 역전되었다. 이제 ESG 점수는 투자 여부를 결정짓고, 은행 대출 금리를 좌우하며, 보험료와 조달 비용에 직접적인 영향을 미치는 '실질적인 권력'이 되었다. 이 극적인 변화의 중심에는 바로 '알고리즘'이 있다. AI와 결합된 ESG 점수는 더 이상 단순한 평가표가 아니다. 그것은 기업의 미래 리스크를 실시간으로 계산하여 자본의 흐름을 통제하는 '예측 엔진'이자 '금융의 입력값'으로 진화했다.

점수는 어떻게 '금융의 언어'가 되었는가

전통적인 ESG 점수가 "이 기업은 얼마나 책임감 있는가"라는 도덕적 질문에 답했다면, 알고리즘화된 지금의 점수는 "이 기업의 리스크 곡선이 어느 방향으로 움직이고 있는가"를 묻는다. 금융 시장이 ESG에 열광하는 이유는 그들이 갑자기 윤리적으로 변했기 때문이 아니다. ESG 점수가 확률과 예측의 언어로 바뀌면서, 금융 시스템이 이를 재무적 위험을 관리하는 변수로 흡수할 수 있게 되었기 때문이다.

알고리즘 기반 ESG 점수의 핵심은 데이터의 양보다 '처리 방식'에 있다. AI는 다음과 같은 세 가지 혁신을 통해 점수의 성격을 바꾸어 놓았다.

- **첫째, 데이터 경계의 붕괴**: 기업이 스스로 제출한 공시 자료에만 의존하지 않는다. 뉴스, SNS, NGO 보고서, 위성 이미지, 법원 기록 등 수만 개의 외부 비정형 데이터를 실시간으로 결합한다.
- **둘째, 시간 축의 도입**: 1년에 한 번 갱신되던 점수가 매일, 혹은 매

시간 단위로 업데이트되는 '동적 신호'가 되었다. 단일 사건보다 신호의 증가 속도와 방향성이 점수에 더 큰 영향을 미친다.

- **셋째, 가중치의 자동 조정**: 산업군이나 지역, 현재 발생하는 글로벌 이슈에 따라 특정 항목의 중요도가 실시간으로 조정된다. 예를 들어, 공급망 이슈가 터진 시기에는 지배구조보다 사회(S) 영역의 가중치가 알고리즘에 의해 자동 상향되는 식이다.

글로벌 금융의 실제: 대출 금리를 결정하는 알고리즘

이러한 변화는 이미 글로벌 금융 현장에서 강력한 위력을 발휘하고 있다. 최근 조사에 따르면 전 세계 은행의 75% 이상이 ESG 점수를 대출 심사와 금리 산정에 활용하고 있다. 이는 ESG가 기업의 '이미지'를 넘어 '현금 흐름'에 직접적인 영향을 미치는 실체가 되었음을 의미한다.

실제로 유럽의 주요 은행들은 기업의 ESG 등급과 연동된 '지속가능성 연계 대출(Sustainability Linked Loan, SLL)' 규모를 대폭 확대하고 있다. 기업이 설정한 ESG 목표를 달성하거나 알고리즘 점수가 개선되면 대출 금리를 깎아 주고, 반대의 경우 페널티 금리를 부과한다. 보험 업계 역시 마찬가지다. 환경이나 안전 리스크 신호가 누적된 기업은 AI 모델에 의해 보험료가 가파르게 상승하거나 아예 인수가 거절되기도 한다.

이제 ESG 점수가 떨어진다는 것은 단순히 평판이 나빠지는 것을 넘어, 기업이 조달해야 할 자본의 가격이 비싸진다는 실질적인 위기를

AI 시대, ESG의 정의

의미하게 되었다.

'지속가능성 연계 대출(SLL)'의 고도화

대출 계약 시 단순히 점수를 넘기는 것이 아니라, '실시간 API 데이터 연동'을 요구하는 은행들이 늘고 있다. 이제 은행은 1년 뒤의 사후 보고서를 기다리지 않는다. 기업의 에너지 관리 시스템(EMS)이나 탄소 배출 데이터 API를 직접 연동하여, 목표 수치에서 벗어나는 즉시 익월 금리에 반영하는 '실시간 금리 알고리즘'이 현장에 적용되고 있다.

알고리즘 점수의 불편한 진실: '블랙박스'의 공포

하지만 점수의 알고리즘화는 기업에게 새로운 공포를 안겨 주기도 한다. 바로 '설명 가능성(Explainability)'의 결여다. 과거에는 "이 평가 항목의 증빙이 부족해서 감점되었다"는 명확한 피드백이 가능했다. 하지만 AI 모델이 수천 개의 변수를 복합적으로 연산하여 점수를 산출하기 시작하면서, 점수는 점점 '블랙박스화'되고 있다.

기업 입장에서는 "왜 우리 점수가 갑자기 하락했는지" 직관적으로 이해하기 어려운 상황이 발생한다. 이는 기업들이 본질적인 개선보다 알고리즘의 패턴을 맞추려는 '형식적 대응'에 치중하게 만드는 부작용을 낳기도 한다. 또한, 알고리즘 설계자가 어떤 데이터에 가중치를 두느냐에 따라 특정 지역이나 중소기업이 구조적으로 불리해질 수 있다는 '중립성'의 문제도 제기된다. ESG 점수가 객관적인 숫자처럼 보이지만, 사실은 '설계된 판단'이라는 점을 간과해서는 안 되는 이유다.

블랙박스 해결을 위한 '설명 가능한 AI(XAI)'

기업들의 공포를 해소하기 위해 등장한 기술적 대안은 없을까? 블랙박스에 대한 비판이 거세지자, 최근 평가기관들은 '왜 이 점수가 나왔는지' 주요 변수를 설명해 주는 XAI 모델을 도입하고 있다. 하지만 여전히 알고리즘의 핵심 로직은 영업 비밀로 남아 있어, 기업에게는 여전히 보이지 않는 거대한 벽이다.

경영 내부로 들어온 ESG: 전략에서 운영으로

ESG 점수가 알고리즘이 되었다는 사실은 기업의 대응 전략도 근본적으로 바꾸어 놓았다. 이제 ESG는 홍보 팀이나 CSR 팀이 담당하는 '대외 커뮤니케이션 전략'이 아니다. 그것은 구매, 생산, 인사 등 경영 전반에서 관리해야 할 '운영 전략'이 되었다.

보고서를 유려하게 쓰는 기술보다, 현장에서 반복적으로 발생하는 미세한 위험 신호를 사전에 차단하는 능력이 점수 관리에 훨씬 더 유리하게 작용한다. AI는 기업의 미사여구보다 현장의 데이터 패턴을 더 신뢰하기 때문이다. 이제 기업은 외부 평가에 대응하는 수동적인 태도에서 벗어나, 자사의 리스크 곡선을 실시간으로 모니터링하고 관리하는 내부 시스템을 구축해야 하는 과제를 안게 되었다.

침묵의 자본이 움직이는 방식

ESG 점수는 말이 없다. 하지만 그 점수가 움직일 때, 글로벌 자본은 이미 조용히 이동하고 있다. AI와 알고리즘은 인간의 감정이나 정치적 고려 없이, 오로지 데이터가 가리키는 리스크의 확률에 따라 기업의 가치를 재정의한다.

이 장의 핵심은 분명하다. ESG는 더 이상 선택의 문제가 아니다. 그것은 이미 금융 시스템의 중추인 알고리즘 속으로 녹아들어 갔다. 이 침묵의 권력을 이해하고, 점수 이면에 숨겨진 '현장의 진실'을 관리하는 기업만이 인공지능이 주도하는 새로운 자본주의 질서에서 생존할 수 있다.

'동질화의 함정': 알고리즘에 맞춘 대응이 가져올 부작용

알고리즘의 패턴을 파악한 기업들이 너도나도 '모범 답안'을 제출하기 시작하면서, 점수 상위권 기업들의 모습은 기묘할 정도로 닮아 가고 있다. 모든 기업이 알고리즘이 좋아하는 숫자를 만들어 낼 때, 진짜 지속가능성은 오히려 가려지는 것은 아닐까?

다음 장을 향하여… ESG 점수가 알고리즘화되면서 또 하나의 기묘한 현상이 나타나고 있다. 수많은 평가기관의 점수가 시간이 갈수록 서로 비슷해지는 '평가의 수렴' 현상이다. 모든 기업이 비슷한 알고리즘에 대응하기 시작할 때, 진정으로 차별화된 지속가능성은 어디에서 오는 것일까? 다음 장에서는 평가의 표준화 속에서 기업이 직면한 새로운 선택과 도전인 '평가 수렴과 실질적 변화'의 갈림길을 살펴볼 것이다.

여러분의 기업 ESG 점수가 지난달보다 1점 하락했다면, 그것은 단순한 오차일까? 아니면 보이지 않는 알고리즘이 감지한 '침몰의 신호'일까?

10장

평가의 수렴:
모두가 만점일 때, 기업은 무엇으로 차별화하는가

알고리즘에 맞출 것인가, 구조를 바꿀 것인가

점수는 달라 보이지만, 판단은 비슷해진다

불과 몇 년 전까지만 해도 ESG 평가의 최대 화두는 '평가기관 간 점수의 불일치'였다. 똑같은 기업을 두고도 A 기관은 최고 등급을, B 기관은 낙제점을 주는 일이 허다했다. 기업들은 이를 두고 "기준이 모호하다"며 하소연했고, 투자자들은 혼란에 빠졌다.

그러나 최근 AI 기반 평가가 확산되면서 기묘한 현상이 나타나고 있다. 각 기관이 산출하는 최종 점수는 여전히 다를지 모르지만, 기업을 바라보는 '판단의 방향성'은 놀라울 정도로 비슷해지고 있다. 특정 기업의 리스크를 지적하는 논리, 위기 상황에서 점수가 깎이는 속도, 그리고 긍정적인 신호에 반응하는 패턴이 서로를 닮아 가고 있는 것이다.

이는 ESG 평가가 동일한 데이터 환경(글로벌 뉴스, SNS, 위성 데이터 등)과 리스크 중심의 알고리즘 논리라는 거대한 흐름 속으로 편입되었기 때문이다. 이제 기업은 "어떤 평가기관이 우리에게 유리할까"를 고민하는 시대를 지나, "모든 AI가 우리를 어떻게 정의하고 있는가"라는 본질적인 질문 앞에 서게 되었다.

왜 ESG 평가는 서로 닮아 가는가?

평가 수렴의 원인은 크게 세 가지로 요약된다.

- **데이터 소스의 동질화**: AI가 학습하고 분석하는 데이터 풀이 표준화되었다. 글로벌 뉴스 와이어, 주요 NGO의 실시간 리포트, 소셜 미디어의 감성 분석 데이터 등 핵심적인 데이터 소스를 거의 모든 평가기관이 공유하게 되었다.
- **리스크 중심 논리의 확산**: 과거에는 '사회공헌을 얼마나 했는가'와 같은 선행의 총합을 따졌다면, 이제는 '사고 확률이 얼마나 낮은가'라는 리스크 관리 역량으로 평가의 축이 옮겨갔다. 위험을 측정하는 수학적 모델은 기관이 달라도 결과값이 유사할 수밖에 없다.
- **금융과의 결합**: ESG 점수가 대출 금리와 투자 여부를 결정하는 금융 지표로 활용되면서, 평가 모델은 점차 보수적이고 객관적인 '신용평가' 모델을 닮아 가게 되었다.

이러한 수렴 현상은 ESG 경영의 '상향 평준화'를 가져오기도 하지만, 기업에게는 뼈아픈 전략적 선택을 요구한다. 점수 차별화가 어려워진 상황에서, 기업은 어떤 길을 가야 할까?

첫 번째 선택: 알고리즘에 맞춘 '키워드 최적화'의 유혹

가장 빠르고 유혹적인 길은 '알고리즘 최적화(Algorithm Optimization)'다. AI가 어떤 단어에 반응하고 어떤 문장 구조를 선호하는지 분석하여 보고서를 작성하는 방식이다.

최근 글로벌 시장에서는 이른바 '키워드 최적화 ESG 보고서'가 범람하고 있다. 평가 모델이 중시하는 특정 키워드의 노출 빈도를 높이고, 정책 문서의 서술 방식을 알고리즘 친화적으로 다듬는다. 실제 운영 시스템의 변화보다는 '표현의 정교화'에 더 많은 자원을 투입하는 것이다.

이 방식은 단기적으로는 매우 효율적이다. 점수는 소폭 반등하고 투자자의 질문은 줄어든다. 하지만 치명적인 한계가 있다. AI는 텍스트의 유려함보다 '행동의 일관성'을 더 강력하게 추적하기 시작했다. 보고서의 문장은 바뀌었는데 현장의 민원이 줄지 않고 공급망 사고가 반복된다면, AI는 이를 즉각 '기만적 신호'로 감지한다. 말과 행동의 간극이 벌어지는 순간, 알고리즘은 가차 없이 리스크 점수를 끌어올린다.

두 번째 선택: 구조적 변화를 통한 '설명 가능한 ESG'

두 번째 길은 훨씬 고통스럽고 느리다. 점수 자체를 관리하기보다, 점수가 만들어지는 '구조(Structure)'를 바꾸는 전략이다. 반복되는 리스크의 근본 원인을 찾아 운영 체계를 재설계하고, 현장의 작은 목소리가 의사결정의 최상단까지 도달하는 시스템을 구축하는 것이다.

이 전략의 핵심은 '설명 가능한 ESG(Explainable ESG)'를 만드는 데 있다. 이는 단순히 점수가 높은 상태를 말하는 것이 아니다.

- "우리의 점수가 왜 이 지점에 머물러 있는가?"
- "우리가 관리하고 있는 리스크는 무엇이고, 아직 해결하지 못한 과제는 무엇인가?"

이 질문에 대해 기업 스스로가 데이터와 논리로 답할 수 있는 상태를 의미한다. AI는 단기적인 이벤트보다 장기적인 '추세'를 신뢰한다. 구조적 변화를 선택한 기업은 점수의 변동성이 낮고, 위기 상황에서도 회복 탄력성이 높다. 알고리즘은 이 '안정적인 패턴'을 포착하여 결국 더 높은 신뢰 점수를 부여하게 된다.

세 번째 선택: '설명 가능한 ESG(XAI)'와 소통의 기술

단순히 시스템을 바꾸는 것을 넘어, 기업이 AI 분석가에게 어떻게

'데이터 맥락'을 제공해야 하는지, AI가 데이터를 읽기 좋게 원천 데이터를 구조화하는 '데이터 거버넌스'가 차별화의 핵심이다. 차별화는 화려한 수식어가 아니라, AI가 우리 기업의 리스크 관리 프로세스를 추적할 수 있도록 데이터의 '족보(Provenance)'를 얼마나 투명하게 관리하느냐에서 결정된다.

네 번째 선택: 상향 평준화 이후의 '알파(Alpha)'

모두가 비슷한 점수를 가질 때, 투자자들이 주목하는 **'ESG 모멘텀'**은 무엇일까?

이제 고점(High Score)은 입장권일 뿐이다. 투자 알고리즘은 현재의 점수보다 '개선되는 속도'와 '위기 발생 시 회복하는 복원력(Resilience)'이라는 동적인 가치에 더 높은 프리미엄을 부여한다.

데이터가 보여 주는 경고: 문서는 늘었지만 현실은?

흥미로운 통계가 하나 있다. 글로벌 조사에 따르면 지난 10년간 기업들의 ESG 공시 문서 분량은 평균 2.5배 이상 늘어났다. 하지만 같은 기간 ESG 관련 사고와 논란의 빈도가 유의미하게 줄어들었는지는 의문이다.

이 수치는 우리에게 중요한 시사점을 던진다. '읽히기 위한 문서'는 늘어났지만 '바꾸기 위한 행동'은 그 속도를 따라가지 못하고 있다는 증거다. 평가가 수렴하는 시대에 진정한 승자는 보고서 페이지를 늘리는 기업이 아니라, 보고서 뒷면의 현장 데이터를 안정화시키는 기업이 될 것이다.

알고리즘을 속일 것인가, 신뢰를 쌓을 것인가

ESG 평가의 수렴은 위기가 아니라 '진실의 순간(Moment of Truth)'이다. 기본적인 기대 수준이 높아진 상황에서, 기업은 이제 선택해야 한다. 알고리즘의 눈을 일시적으로 가리는 기술에 투자할 것인가, 아니면 알고리즘이 읽어 내는 우리 기업의 체질 자체를 바꿀 것인가.

AI 시대의 ESG는 '어떻게 보일 것인가'의 경쟁에서 '무엇을 반복할 것인가'의 경쟁으로 바뀌었다. 점수를 맞추는 기업은 알고리즘의 노예가 되지만, 구조를 바꾸는 기업은 알고리즘을 자신의 신뢰를 증명하는 도구로 활용하게 된다.

'이해관계자'로서의 AI 선언

알고리즘을 속이려는 시도는 결국 '전지전능한 감시자' 앞에서 부리는 재주에 불과하다. 이제 AI는 우리 기업의 점수를 매기는 도구를 넘어, 기업의 생존 여부를 결정하는 가장 영향력 있는 '침묵의 주주'가 되었다. 3부에서는 이 새로운 이해관계자와 어떻게 공존할 것인지 다룬다.

다음 장을 향하여… 평가가 수렴하고 알고리즘이 기업의 가치를 결정하는 시대, 이제 우리는 새로운 이해관계자를 마주하게 된다. 사람이 아닌, 하지만 사람보다 더 냉정하게 기업을 감시하는 '보이지 않는 눈'이다. 다음 장에서는 AI가 어떻게 단순한 도구를 넘어 기업의 운명을 좌우하는 '독립적인 이해관계자'로 부상했는지, 그 변화가 가져올 경영의 미래를 살펴볼 것이다.

여러분의 기업 보고서가 AI에게 '잘 짜인 연극'으로 읽히고 있을지, 아니면 '정직한 기록'으로 읽히고 있을지 생각해 본 적이 있는가?

3부

보이지 않는 감시자: AI는 새로운 이해관계자인가

11장

관계의 재정의:
투자자, 규제기관, 그리고 알고리즘

말하지 않지만 판단하는 존재의 등장

이해관계자는 늘 '말하는 존재'였다

오랫동안 기업 경영에서 이해관계자(Stakeholder)는 명확한 실체를 가진 존재들이었다. 주주, 투자자, 노동자, 고객, 지역사회, 그리고 정부에 이르기까지 그들은 각자의 목소리를 내며 의견을 제시하고, 요구를 전달하며, 때로는 강력하게 항의했다. 이해관계자란 곧 '말하는 존재'였고, 기업은 이들의 요구를 듣고 설명하며 설득하거나 타협하는 방식으로 경영을 지속해 왔다.

ESG(환경·사회·지배구조)라는 담론 역시 이러한 대화의 구조 위에서 발전했다. 하지만 최근 이 익숙한 정의가 뿌리부터 흔들리고 있다.

기업의 운명에 중대한 영향을 미치면서도, 아무런 말도 하지 않는 기묘한 존재가 등장했기 때문이다. 바로 인공지능(AI)이다. AI는 요구하지 않지만 판단하며, 성명을 내지 않지만 자본의 흐름을 바꾼다. 이제 우리는 물어야 한다. "말하지 않는 AI를 이해관계자로 정의할 수 있는가?"

'목소리'에서 '영향력'으로: 정의의 확장

전통적인 이해관계자 이론에서 핵심 요건은 세 가지였다. 기업 활동의 영향을 받거나, 영향을 미치며, 그 관계를 '의사 표현'으로 드러내는 것이다. 이 틀에서 영향력은 반드시 소통과 협상을 통해 행사된다고 전제되었다.

하지만 AI는 이 전제를 무너뜨린다. AI는 공청회에 참석하지도, 기업에 항의 서한을 보내지도 않는다. 대신 매일같이 방대한 데이터를 수집하고 위험 신호를 계산하여 이를 점수와 등급으로 요약한다. 이 무미건조한 숫자들은 투자 알고리즘에 입력되어 자동화된 투자 배제, 금리 조정, 보험 심사 결과로 이어진다. 기업은 아무런 대화도 나누지 않았는데, 이미 자본이 빠져나가거나 신용 조건이 나빠지는 '결과'를 맞닥뜨리게 된다. 의사 표현은 없지만 영향력은 절대적인 존재, 이것이 AI가 새로운 이해관계자로 불리기 시작한 이유이다.

판단이 대화보다 앞서는 시대

AI가 이해관계자로 개입하면서 ESG의 권력 구조와 의사결정 순서가 완전히 바뀌었다. 과거의 순서는 다음과 같았다.

- **[과거]** 이해관계자의 문제 제기 → 기업의 해명 및 대응 → 사회적 평가 → 금융·시장 반응

그러나 AI 시대의 순서는 종종 이를 뒤집는다.

- **[현재]** 데이터 누적 → **알고리즘의 선(先)판단** → 금융·시장 반응 → 기업의 뒤늦은 설명

이제 기업이 공식적인 입장을 정리해 발표하기도 전에, AI 기반의 투자 시스템은 이미 해당 기업의 리스크를 반영하여 포트폴리오를 재편한다. AI는 중재자가 아니라, 시장의 심판관으로서 먼저 행동한다. 판단이 대화보다 앞서기 시작하면서 기업의 설명 책임은 '미래의 약속'이 아니라 '과거 데이터의 증명'으로 강제되고 있다.

'알고리즘 거버넌스'에 대한 대응

AI가 이해관계자라면, 기업은 이제 '데이터 릴레이션(Data Relations)'

이라는 새로운 역량이 필요하다. 보세요. 기존의 IR(Investor Relations) 이나 PR(Public Relations)처럼, 기계가 읽기 좋은 방식으로 데이터를 소통하는 기술이다. 이제 기업은 인간 투자자에게 브로슈어를 전달하는 IR을 넘어, AI 엔진에 가공되지 않은 신호를 정교하게 전달하는 '알고리즘 커뮤니케이션' 전략을 세워야 한다. 이는 기계를 설득하는 것이 아니라, 기계가 오해하지 않도록 데이터의 투명성을 확보하는 작업이다.

글로벌 금융 시장의 '침묵하는 권력'

최근 글로벌 금융 시장에서는 이 '침묵하는 이해관계자'의 영향력이 통계로도 증명되고 있다. 특정 기업의 ESG 리스크 신호가 AI에 의해 포착되면, 인간 펀드매니저가 보고서를 읽고 고민하기 전에 알고리즘이 먼저 작동한다.

실제로 ESG 관련 부정적 이슈가 발생했을 때, AI 분석 모델을 사용하는 기관 투자자들의 자금 회수 속도는 과거보다 3~6배 빨라졌다는 연구 결과가 있다. 주가 하락의 상당 부분은 실제 사고의 규모보다 "앞으로 문제가 생길 확률이 높다"는 AI의 냉정한 확률 계산에서 기인한다. 누군가로부터 항의 전화를 받은 적은 없지만, 주식 전광판은 이미 파란색으로 물들어 있다. 이것이 바로 AI라는 이해관계자가 행사하는 침묵의 권력이다.

'침묵의 권력'에 의한 비가시적 제재

단순히 주가 하락뿐만 아니라, '자동화된 배제(Screening-out)'의 무서움이 존재한다. AI 이해관계자의 가장 무서운 점은 기업에게 이유를 설명하지 않고 포트폴리오에서 '자동 삭제'한다는 것이다. 기업은 자신이 왜 투자 대상에서 제외되었는지조차 모른 채 자본의 외면을 받는 '디지털 유령'이 될 위험에 처해 있다.

AI를 이해관계자로 인정한다는 것의 의미

AI를 이해관계자로 인정한다는 것은 AI와 협상 테이블에 앉겠다는 뜻이 아니다. 그것은 **경영의 환경이 근본적으로 바뀌었음을 인정**하는 것이다.

- **첫째, 서사보다 패턴의 시대**: AI는 기업이 들려주는 화려한 이야기(Narrative)를 이해하지 못한다. 대신 수년에 걸쳐 축적된 행동의 패턴(Pattern)을 읽는다.
- **둘째, 비대칭적 관계의 수용**: AI는 기업에 설명할 기회를 주지 않는다. 기업은 AI가 읽어 내는 데이터의 궤적을 관리함으로써만 이 새로운 이해관계자와 '소통'할 수 있다.
- **셋째, 거버넌스의 확장**: AI가 판단의 주체가 된다면, 그 알고리즘을 누가 설계하고 어떤 데이터를 입력하는지가 경영의 핵심적인 외부

변수가 된다.

결국 기업은 이제 사람(인간 이해관계자)뿐 아니라, 판단 구조 자체(알고리즘 이해관계자)와도 관계를 맺어야 한다. AI를 고려하지 않은 ESG 전략은 마치 보이지 않는 심판을 무시한 채 경기를 치르는 것과 같다.

"누가 말하는가?"에서 "누가 판단하는가?"로

이해관계자의 정의는 진화하고 있다. 과거에는 '누가 우리에게 무엇을 요구하는가'가 중요했다면, 이제는 '누가 우리를 어떻게 계산하고 있는가'를 물어야 한다.

AI는 말을 하지 않기에 가장 공정해 보이기도 하지만, 반대로 사과나 변명이 통하지 않기에 가장 냉혹한 이해관계자이기도 한다. 이 침묵하는 존재를 경영의 파트너로 인식하고, 그들이 읽어 내는 '행동의 일관성'을 확보하는 것. 그것이 AI 시대 ESG 경영의 새로운 과제다.

'보이지 않는 손'으로의 연결

AI는 단순한 심판을 넘어 시장을 움직이는 '보이지 않는 손'으로 작동하고 있다. AI는 이제 기업을 평가하는 객관적인 지표를 넘어, 스스로 시장의 수요와 공급을 조절하는 '디지털 보이지 않는 손'이 되었다.

12장에서는 이 보이지 않는 손이 어떻게 기업의 평판을 조각하고 자본의 물길을 바꾸는지, 그 서늘한 위력을 확인해 볼 것이다.

다음 장을 향하여… AI가 말하지 않지만 영향력을 행사하는 이해관계자라면, 그 영향력은 구체적으로 어떤 경로를 통해 기업의 숨통을 조이거나 틔워줄까? 다음 장에서는 AI가 침묵한 채로 어떻게 기업의 평판과 자본을 움직이는지, 즉 "보이지 않는 손으로서의 AI 분석"이 가지는 위력과 그 이면의 위험성을 더 깊이 들여다본다.

지금 이 순간에도 여러분의 기업을 분석하고 있는 AI는 당신의 '약속'을 보고 있을지, 아니면 숨겨진 '신호'를 보고 있을지?

침묵의 권력:
말하지 않지만 자본의 흐름을 바꾸는 존재

침묵의 계산이 자본을 움직일 때

아무도 항의하지 않았는데, 결과는 이미 나왔다

어느 날 아침, 기업의 재무 담당자는 당혹스러운 통보를 받는다. 주요 투자자의 포트폴리오에서 자사 비중이 줄어들었고, 갱신 시점이 도래한 대출 금리는 예상보다 높게 책정되었으며, 보험료는 가파르게 재산정되었다.

이상한 점은 그 과정에 아무런 전조가 없었다는 것이다. 시민단체의 항의도, 언론의 공개 질의도, 청문회도 없었다. 기업의 문을 두드려 "이 문제를 해결하라"고 요구한 존재는 없었지만, 결과는 분명하고 치명적이었다. 누군가는 이미 판단을 끝냈고, 그 판단은 실행되었다. 이

장은 바로 이 조용한 변화—말하지 않지만 영향력을 행사하는 '침묵의
권력'에 관한 이야기다.

영향력은 언제부터 '말'이 필요 없어졌는가

전통적인 이해관계자의 영향력은 늘 가시적이었다. 로비, 캠페인,
협상, 혹은 불매 운동과 같은 구체적인 행동과 목소리를 동반했다. 기
업은 그 요구를 인식하고 대응할 수 있는 '대화의 창구'를 가졌다. 영향
력은 드러나야 작동하는 것이었다.

그러나 AI 기반 ESG 환경에서 영향력은 더 이상 설득이 아니라 '연
산'으로 행사된다.

- AI가 전 세계의 파편화된 데이터를 상시 수집한다.
- 알고리즘이 해당 기업의 위험 확률을 계산한다.
- 설정된 임계값을 넘으면 자동으로 투자 비중이나 금융 조건에 반영
  한다.

이전 과정에서 AI는 단 한마디도 하지 않는다. 하지만 그 결과는 설
명 없이도 기업의 행동을 강제한다. 영향력은 이제 목소리가 아닌 **'구
조'** 그 자체가 되었다.

　　　　　　　　　　　　　　　　　　　AI 시대, ESG의 정의

침묵이 더 강력해지는 이유: 반박할 수 없는 시스템의 결정

아이러니하게도 말하지 않기 때문에 이 영향력은 더욱 강력해진다. 여기에는 세 가지 이유가 있다.

- **첫째, 속도와 즉각성이다.** AI는 인간의 의사결정 속도를 압도한다. 부정적 신호가 포착되는 즉시 전 세계 투자 시스템에 그 결과가 반영된다. 기업이 해명 원고를 작성하기도 전에 자본은 이미 움직인다.
- **둘째, 반박의 대상이 부재하다.** 항의가 없으니 반박할 대상이 없고, 요구가 없으니 협상 테이블도 차릴 수 없다. 판단은 특정 개인의 주관이 아니라 '시스템의 결과'처럼 보이기에 저항하기가 매우 어렵다.
- **셋째, 확산성이다.** 하나의 주요 ESG 평가 모델이 내린 판단은 그 모델을 구독하는 수많은 금융 상품과 전략에 동시에 복제되어 반영된다.

침묵은 책임을 흐리게 하지만, 그 영향의 결과는 더욱 단단하고 광범위하게 나타나고 있다.

글로벌 금융의 실제: 보이지 않는 문지기, ESG 스크리닝

이러한 현상은 글로벌 자산운용사들 사이에서 이미 일상이 되었다. 블랙록(BlackRock)을 비롯한 거대 운용사들은 ESG 리스크를 포트폴리오 관리에 자동으로 반영한다. 이때 중요한 것은 운용사 직원의 '개인적 의견'이 아니다. 시스템에 설정된 '알고리즘 규칙'이다.

알고리즘이 특정 기업의 공급망 리스크가 높다고 판단하면, 별도의 논의 없이 투자 대상에서 제외(Screening)한다. 기업은 이 '보이지 않는 문지기'의 통과 기준을 정확히 알지 못한 채 결과만 통보받는다. 기업이 느끼는 압박의 실체는 누군가의 공격이 아니라, 자신들을 평가하는 구조가 바뀌었다는 데서 오는 근원적인 불안함이다.

침묵하는 영향력은 중립적인가

여기서 우리는 가장 중요한 질문을 던져야 한다. "침묵하는 영향력은 과연 중립적인가?"

AI의 판단은 감정이 없고 데이터에 기반하기에 중립적으로 보일 수 있다. 그러나 판단의 기준이 되는 알고리즘은 인간이 설계한다.

- 어떤 데이터를 가치 있게 평가할 것인가?
- 어느 지역의 노동 이슈에 더 높은 가중치를 둘 것인가?
- 환경 사고의 범위를 어디까지 설정할 것인가?

이러한 모든 선택은 설계자의 가치관이 반영된 결과다. 따라서 AI의 침묵은 중립을 보장하는 것이 아니라, 오히려 **'설계된 판단'을 객관성**

 AI 시대, ESG의 정의

이라는 가면 뒤에 숨기는 것일 수 있다. 이 질문은 ESG가 기술을 넘어 거버넌스와 권력의 문제로 확장되는 지점이다.

'블랙박스 권력'에 대한 저항과 투명성 요구

알고리즘의 침묵이 가져오는 불공정성에 맞서, 기업들이 '알고리즘 설명권(Right to Explanation)'을 요구하기 시작하고 있다. 알고리즘의 침묵이 권력이 될수록, 기업과 시민단체는 그 '침묵의 로직'을 공개하라는 압박을 높이고 있다. 지금 ESG 경영은 기계의 판단에 복종하는 것을 넘어, 기계의 판단 근거를 투명하게 공론화하는 '알고리즘 거버넌스' 싸움으로 번지고 있다.

말로 대응할 수 없다면 행동으로 증명하라

침묵하는 영향력 앞에서는 과거의 커뮤니케이션 공식이 통하지 않는다. 유려한 보도 자료나 화려한 지속가능 경영 보고서로는 알고리즘의 마음을 돌릴 수 없다. AI는 기업의 말을 듣지 않고 오직 '행동의 패턴'만을 읽기 때문이다.

이제 기업의 대응은 '설명' 중심에서 **'신호 관리와 구조 개선'** 중심으로 바뀌어야 한다. "우리는 문제가 없다"고 외치기보다, "왜 이런 부정적 신호가 반복되지 않도록 시스템을 설계했는가"를 데이터로 증명해야 한다.

'신호 가로채기(Signal Pre-emption)' 전략

기업이 AI보다 먼저 자사의 리스크 신호를 감지하고 선제적으로 대응하는 데이터 경영의 필요성이 커지고 있다. 이제 기업에게 필요한 것은 홍보 팀이 아니라 '데이터 관제 센터'다. 외부 AI가 우리 기업의 부정적 패턴을 읽어 내기 전에, 내부 AI가 먼저 신호를 포착해 구조를 개선하는 '역(逆) 알고리즘 전략'이 생존의 열쇠가 된다.

다음 장을 향하여… AI가 말하지 않지만 강력한 권력을 행사한다면, 우리는 이 새로운 권력을 어떻게 통제하고 관리해야 할까? 다음 장에서는 AI 기반 ESG 평가가 가져오는 권력의 불균형을 파헤치고, 이것이 인류와 기업 경영에 던지는 윤리적 질문 「알고리즘이 만든 새로운 권력」에 대해 심층적으로 다룬다.

여러분의 기업을 지켜보는 보이지 않는 눈, AI. 그 침묵의 판단을 바꿀 수 있는 유일한 방법은 오직 현장의 실질적인 변화뿐이다.

13장

기술의 편향:
AI는 과연 중립적이고 객관적인가

데이터의 선택은 이미 판단이다

"AI는 감정이 없으니 공정하다"는 믿음의 함정

AI 기반 ESG 평가가 확산되면서 가장 흔히 들리는 주장은 "AI는 감정이 없으므로 인간보다 공정하다"는 것이다. 인간 평가자처럼 개인적인 친분이나 정치적 성향, 혹은 그날의 기분에 좌우되지 않고 오직 데이터와 확률에 따라 판단한다는 이미지 때문이다.

하지만 이 믿음은 위험한 착각일 수 있다. AI는 감정이 없지만, 결코 '가치 중립적'이지는 않다. AI가 무엇을 보고 무엇을 보지 않을지, 어떤 데이터에 더 큰 가중치를 둘지는 이미 설계 단계에서 인간의 선택이 개입된 결과이기 때문이다. 알고리즘 뒤에 숨겨진 '설계된 판단'을 이해하지 못하면, 우리는 AI를 객관적 심판으로 오해하며 새로운 불투명성에 빠지게 된다.

중립성은 결과가 아니라 '설계 과정'의 문제다

AI의 중립성은 산출된 점수에서 확인되는 것이 아니다. 그 이전 단계, 즉 **데이터를 수집하고 모델을 구축하는 과정**에서 결정된다. AI는 스스로 질문을 던지지 않는다. 인간 설계자가 정의한 규칙을 따를 뿐이다.

- 어떤 데이터 소스(뉴스, 공시, SNS 등)를 신뢰할 것인가?
- 환경(E)과 사회(S) 중 무엇에 더 높은 가중치를 둘 것인가?
- 과거의 법적 처벌 기록과 미래의 리스크 신호 중 무엇을 더 위험하게 볼 것인가?

이러한 질문들에 대한 답은 수학적 공식이 아니라 인간의 '가치 판단'이다. AI는 그 판단을 아주 빠르고 일관되게 실행할 뿐이다. 따라서 AI 기반 ESG는 기술적인 도구를 넘어, 하나의 '자동화된 가치 체계'라고 보아야 한다.

데이터 편향: 기록된 현실만이 현실이 되는 역설

AI 기반 ESG 평가의 가장 구조적인 한계는 **데이터의 불균형**이다.

AI는 학습한 데이터만큼만 세상을 이해한다. 현재 글로벌 ESG 데이터 환경은 명확한 편중을 보인다.

- **선진국 및 대기업**: 체계적인 공시 인프라, 풍부한 영어권 언론 보도, NGO의 집중적인 감시 덕분에 AI가 분석할 데이터가 넘쳐난다. 문제가 생겨도 '어떻게 관리되고 있는지'에 대한 데이터가 존재하여 리스크가 '설명 가능'해진다.
- **개별국 및 중소기업**: 공시 체계가 미비하고 현지 언어로 된 정보가 많아 글로벌 AI 모델이 데이터를 수집하기 어렵다. AI는 정보가 부족한 상태를 '관리 부재'나 '고위험'으로 오해할 가능성이 크다.

이 결과, ESG 점수는 기업의 실제 행동 결과라기보다 '기록 가능성의 결과'가 되어 버린다. 데이터 접근성이 낮은 지역의 기업들은 구조적으로 불리한 조건에서 평가받게 되는 '데이터 격차에 의한 차별'이 발생하는 것이다.

글로벌 사우스(Global South)[9]의 데이터 소외

신흥국 기업들이 겪는 '데이터 식민주의' 문제가 존재한다. 서구권 중심의 AI 모델은 동남아시아나 아프리카 현지의 고유한 사회적 맥락

---

9 비서구권, 개발도상국 또는 제3세계 국가들을 통칭하는 용어로, 북반구 저위도 및 남반구에 위치한 아시아, 중남미, 중동, 아프리카의 신흥 개발도상국을 가리킨다.

(S)을 '노이즈'로 처리하거나 무시하곤 한다. 이는 해당 지역 기업들이 실제보다 더 낮은 점수를 받게 만드는 '디지털 레드라이닝(Digital Redlining)'[10]으로 이어진다.

알고리즘의 가중치: 숫자로 위장된 권력

AI 모델 내의 가중치는 단순한 숫자가 아니다. 그것은 **권력의 표현**이다. 예를 들어, 어떤 AI 모델이 '노동권'보다 '탄소 배출'에 3배 높은 가중치를 둔다면, 그 모델을 사용하는 투자자의 자본은 자연스럽게 환경 이슈에 민감한 기업으로 흐르게 된다.

이러한 가중치를 누가 정하는지, 어떤 논리로 조정되는지는 대개 영업 비밀이라는 명목하에 **'블랙박스'** 속에 갇혀 있다. 판단이 자동화될수록 책임의 주체는 흐려진다. "AI가 그렇게 판단했다"는 말 한마디로 모든 설명을 대신하는 순간, ESG의 핵심 가치인 '투명성'은 훼손된다.

알고리즘 감사(Algorithm Auditing)의 제도화

AI 편향에 대응하기 위해 2026년부터 본격화되는 'AI 감사 시스템'을 거버넌스의 해결책으로 대두되고 있다. 이제 기업들은 평가기관에

---

10 디지털 기술, 디지털 콘텐츠, 인터넷을 사용해서 이미 소외된 그룹들 간의 불평등 구조를 만드는 관행이다. 이 개념은 주거 차별을 재정립하는 관행인 레드라이닝(Redlining)을 확장한 것으로 19030년대부터 미국과 캐나다의 역사적 법률 관행으로, 대출이나 추가 개발에 부적합하다고 여겨졌던 빈곤 지역(주로 흑인 거주 지역)을 지도에 빨간색 선을 그어 표시했다. 이 레드라이닝으로 지역 간 큰 경제적 격차와 불평등을 초래했다.

'점수'가 아닌 '알고리즘의 공정성 리포트'를 요구하기 시작했다. 제3자 기관에 의해 알고리즘의 편향성이 검증되었는지가 평가기관 자체의 신뢰도를 결정하는 새로운 기준이 되고 있다.

기술 문제를 넘어 거버넌스 문제로

AI는 중립적이지 않지만, 중립적일 수 있도록 '관리'될 수는 있다. 이를 위해서는 AI 기반 ESG를 단순한 기술 도입이 아닌 거버넌스(Governance)의 관점에서 접근해야 한다.

- **알고리즘의 투명성**: 어떤 기준으로 리스크를 정의하고 가중치를 두는지 공개되어야 한다.
- **데이터 편향 점검**: 특정 지역이나 산업이 구조적으로 불이익을 받지 않는지 지속적으로 모니터링해야 한다.
- **설명 가능성과 이의 제기**: AI의 판단 결과에 대해 기업이 맥락을 설명하고 수정을 요청할 수 있는 절차가 마련되어야 한다.

결국 AI 시대의 ESG에서 가장 중요한 질문은 "AI가 얼마나 정확한가?"가 아니라 "AI의 판단을 누가, 어떻게 통제하고 책임지는가?"이다. 기술이 판단을 대신할수록, 그 판단의 근거를 묻는 인간의 책임은 더욱 무거워진다.

'설계하는 권력'으로의 연결

결국 우리는 기술이라는 가면 뒤에 숨은 진짜 주인을 찾아야 한다. 알고리즘을 설계하고 데이터의 위계를 정하는 이들은 누구인가? 그들이 쥐고 있는 펜 끝에서 글로벌 자본의 지도가 어떻게 다시 그려지는지, 14장에서 그 권력의 실체를 파헤친다.

다음 장을 향하여… AI가 중립적이지 않은 판단의 주체라면, 이제 우리는 그 알고리즘을 설계하고 데이터를 장악한 이들이 누구인지 주목해야 한다. 다음 장에서는 AI 기반 ESG 평가가 만들어낸 새로운 권력 구조, 즉 「알고리즘을 설계하는 권력」에 대해 파헤치며, 이 권력이 어떻게 자본의 지도를 다시 그리고 있는지 살펴볼 것이다.

여러분의 기업을 평가하는 알고리즘은 누구의 시선으로 설계되었나? 그 시선에서 여러분은 '안전한 파트너'인가, 아니면 '설명되지 않는 리스크'인가?

14장

알고리즘 권력:
누가 ESG의 표준을 지배하는가

판단을 설계하는 자들이 등장하다

ESG의 권력 지형이 바뀌고 있다

오랫동안 ESG의 권력 구조는 가시적이고 명확했다. 정부와 규제 당국이 규칙(Rule)을 만들고, 평가기관이 그 규칙에 따라 점수를 매기며, 투자자는 자본의 흐름으로 응답했다. 기업은 이 삼각 구도 안에서 누구의 기준에 맞춰야 하는지, 누구에게 보고해야 하는지 명확히 알고 전략을 세울 수 있었다.

그러나 AI와 알고리즘이 ESG 분석의 심장부로 들어오면서 이 질서는 조용히, 그러나 근본적으로 뒤집혔다. 이제 실질적인 권력은 점수를 공표하는 주체보다 **'판단의 구조'를 설계하는 자**들에게로 이동하고 있다. 명령하지 않지만 결정을 좌우하고, 드러나지 않지만 자본의 지도를 다시 그리는 '보이지 않는 설계자'들의 시대가 도래한 것이다.

권력은 이제 '설계'에서 나온다

알고리즘 권력은 전통적인 권력과 작동 방식이 다르다. 지시하거나 강요하지 않는다. 대신 다음과 같은 방식으로 시스템의 흐름을 통제한다.

- **데이터 파이프라인의 선택**: 어떤 소스의 데이터를 '진실'로 받아들일지 결정한다.
- **가중치(Weight) 설정**: 환경, 사회, 지배구조 중 어떤 리스크에 더 민감하게 반응할지 코드로 정의한다.
- **임계값(Threshold)의 확정**: 어느 지점부터 '투자 배제'나 '등급 하향'을 실행할지 수치를 정한다.

이 과정에서 누구도 기업에 "이렇게 경영하라"고 말하지 않는다. 하지만 설계된 알고리즘이 특정 행동 패턴을 '리스크'로 분류하는 순간, 자금 조달 비용이 오르고 투자자가 이탈한다. 권력은 이제 말이 아니라 '설계된 판단의 자동화'를 통해 행사된다.

　　　　　　　　　　　　　　　　　　AI 시대, ESG의 정의

'판단의 코드'를 쥔 비가시적 권력자들

알고리즘 기반 ESG에서 가장 도발적인 질문은 이것이다. **"과연 누가 코드를 쓰는가?"**

알고리즘 모델을 설계하는 데이터 과학자, 가중치를 설정하는 분석팀, 그리고 모델의 논리를 검증하는 기술 위원회. 이들은 대개 선출된 권력이 아니며, 대중 앞에 자신을 드러내지도 않는다. 하지만 이들이 설정한 수식 하나는 전 세계 기업의 시가총액을 흔들고, 특정 산업의 미래를 결정짓는 강력한 힘을 가진다.

문제는 이 권력이 비가시적이라는 데 있다. 주요 ESG 평가 모델 중 세부 산정 로직과 가중치를 실질적으로 공개하는 비율은 **30% 미만**에 불과하다. 기업은 '결과(점수)'는 통보받지만, 그 점수가 도출된 '과정(로직)'은 영업비밀이라는 장벽에 가로막혀 알 수 없다. 이는 투명성을 생명으로 하는 ESG 철학에 정면으로 위배되는 역설적인 상황이다.

알고리즘 권력의 세 가지 위험: 책임, 편향, 이의 제기

통제되지 않는 알고리즘 권력은 세 가지 치명적인 위험을 내포한다.

- **책임의 공백**: 알고리즘의 판단 오류로 기업이 막대한 손실을 보았을 때, 누가 책임을 질 것인가? "데이터와 모델이 그렇게 말했다"는

답변은 책임의 주체를 증발시킨다.

- **편향의 고착**: 데이터 불균형이 모델에 반영되면, 특정 지역이나 산업군에 대한 구조적 차별이 자동으로 재생산된다.
- **이의 제기의 약화**: 판단 근거가 블랙박스 속에 갇혀 있어, 기업이나 시민사회가 오류를 바로잡거나 맥락을 설명할 창구가 극도로 좁아진다.

ESG는 다시 정치가 된다: 코드와 가중치의 정치

아이러니하게도 기술은 ESG를 탈정치화(Depoliticize)할 것이라는 기대와 달리, ESG를 더욱 정교한 정치의 영역으로 끌어들였다. 다만 과거의 정치가 공개 토론과 표결의 방식이었다면, 이제는 **코드와 설계의 정치다.**

어떤 가치를 우선시할지, 어떤 위험을 먼저 반영할지를 정하는 알고리즘 설계는 본질적으로 정치적인 선택이다. 이제 ESG는 규제를 준수하는 기술적 과제를 넘어, 우리 사회가 어떤 가치에 자본을 우선 배분할 것인가를 두고 벌이는 '보이지 않는 권력 투쟁'의 장이 되었다.

알고리즘을 해석하는 능력이 새로운 생존권이다

알고리즘 권력은 피할 수 없는 현실이다. 이 환경에서 기업이 취해야 할 전략은 복종이 아니라 '해석'이다. 모델의 기본 논리를 파악하고, 자사의 리스크 신호가 알고리즘에 어떻게 포착되는지 추적하며, 잘못된 데이터에 대해서는 논리적으로 반박할 수 있는 내부 역량을 갖춰야 한다.

결국 AI 시대의 ESG 거버넌스는 기술의 문제가 아니라, **권력의 균형을 어떻게 맞출 것인가**의 문제다. 설계자의 독주를 막고 모델의 투명성을 요구하는 사회적 합의가 이루어질 때, 비로소 알고리즘은 '보이지 않는 독재자'가 아닌 '공정한 조력자'가 될 수 있다.

'영업 비밀'과 '공적 책임'의 충돌

EU의 AI법(AI Act) 등이 본격화되면서 고위험군으로 분류되는 ESG 알고리즘에 대해 '로직 공개 의무'를 요구하는 목소리가 커지고 있다. 현재, 글로벌 자본 시장은 알고리즘의 '영업 비밀'보다 '판단의 공정성'을 우선시하기 시작했다. 주요 연기금들은 이제 자신의 자산을 운용하는 AI 모델의 가중치 산정 근거를 투명하게 밝히지 않는 평가기관과의 계약을 해지하고 있다.

'데이터 주권'과 기업의 대응

기업이 알고리즘에 휘둘리지 않기 위해 자사의 데이터를 스스로 구조화하여 배포하는 '셀프 데이터 거버넌스'의 중요성이 커지고 있다.

설계자의 의도에 끌려다니지 않으려면, 기업은 자신의 데이터를 알고리즘이 오독할 수 없는 '구조화된 형태'로 선제 배포해야 한다. 이제 IR은 사람을 설득하는 기술이 아니라, 기계의 코드에 정직한 값을 입력하는 기술이다.

'증명의 기술'로의 연결

권력의 이동을 이해했다면 이제 생존을 위한 실전으로 나아가야 한다. 보이지 않는 설계자들이 짠 판 위에서, 기업은 어떻게 자신의 진정성을 데이터로 번역하여 전달할 것인가? 15장에서는 AI라는 냉정한 심판관과 소통하는 '데이터 증명의 기술'을 다룬다.

다음 장을 향하여… 알고리즘이 새로운 권력으로 부상했다면, 기업은 이제 누구에게, 어떻게 자신의 가치를 증명해야 할까? 다음 장에서는 AI라는 냉정한 심판관과 소통하는 법, 즉 "데이터로 말하고 시스템으로 증명하는 법"을 다루며 기업의 구체적인 대응 전략을 제시한다.

여러분의 기업 가치를 결정하는 '보이지 않는 코드'. 당신은 그 수식의 피해자가 될 것인가, 아니면 그 논리를 리드하는 경영자가 될 것인가?

     AI 시대, ESG의 정의

15장

새로운 소통:
기계와 인간, 누구에게 무엇을 설명할 것인가

사람을 설득하던 시대에서, 시스템을 이해시키는 시대로

설명의 대상은 언제나 사람이었다

기업의 커뮤니케이션은 오랫동안 '인간'을 향해 있었다. 연차 보고서는 투자자를 위해 쓰였고, 지속가능성 보고서는 규제 당국과 시민 사회를 염두에 두었다. 설명의 핵심은 이해와 설득이었다. "우리는 무엇을 하고 있는가", "왜 이런 결정을 내렸는가", "앞으로 무엇을 개선할 것인가"라는 질문에 논리적이고 감성적으로 답하는 것이 기업 경영의 본질이었다.

그러나 AI가 ESG 판단의 중심으로 들어오면서 설명의 풍경은 조용히 달라졌다. 이제 기업은 두 개의 전혀 다른 청중을 동시에 만족시켜야 하는 이중 과제에 직면했다. 한 명은 **감정과 맥락을 읽는 사람**이고, 다른 하나는 **데이터와 패턴을 읽는 AI**다.

AI는 설명을 '이해'하지 않고 '계산'한다

많은 기업이 "우리는 기준에 맞게 공시했고 충분히 설명했다"고 말하지만, 오늘날의 시장은 그 설명을 곧이곧대로 믿지 않는다. 특히 AI는 기업이 들려주는 문장의 의도, 맥락, 진정성을 해석하지 않는다.

AI가 읽는 것은 오직 수치화된 신호뿐이다.

- **인간에게 설명**: "우리는 노동권을 존중하기 위해 최선의 노력을 다하고 있다"라는 서사(Narrative)가 중요하다.
- **AI에게 설명**: "노동 관련 민원 발생 빈도가 전년 대비 15% 감소했으며, 해결 속도가 2배 빨라졌다"는 구조(Structure)적 데이터가 중요하다.

AI에게 "노력하고 있다"는 문장은 아무런 신호도 보내지 못한다. 오직 반복되는 행동의 패턴과 외부에서 관측되는 결과만이 AI의 판단을 바꾼다.

글로벌 사례: 공시는 충족했지만 신뢰는 붕괴된 이유

최근 여러 글로벌 기업에서 반복되는 장면이 있다. 기업은 모든 공시 기준을 충족했고 외부 감사도 통과했다. 정책과 목표도 선진적으로 제시했다. 하지만 특정 이슈가 발생하자 SNS와 지역 언론을 통해 현장의 실상이 폭로되었고, 여론은 급격히 악화되었다.

이때 AI는 공시 문서의 '아름다운 약속'과 외부 뉴스·SNS의 '부정적 신호' 사이의 불일치를 즉각 감지한다. 사람들은 기업의 태도가 형식적이라고 비판하며 신뢰를 거둔다. 평판 리스크는 일반적인 재무 리스크보다 회복 기간이 약 2배 더 길다는 통계가 있듯이, 설명의 대상과 방식이 어긋나면 그 비용은 상상을 초월하게 된다.

설명의 무게중심: 서사(Narrative)에서 구조(Structure)로

이 변화는 기업 설명의 방식 자체를 근본적으로 바꾼다. 과거에는 "어떤 비전을 가지고 있는가"를 보여 주는 서사가 중심이었다면, AI 시대에는 "위험을 어떻게 관리하는 구조를 가졌는가"를 보여 주는 데이터가 중심이 된다.

- **설명 가능한 행동(Explainable Action)**: 왜 이 지표가 개선되었는지, 왜 이 리스크가 줄어들었는지 데이터와 운영 구조로 답할 수 있어야 한다.

- **사전적 대응의 중요성**: 사람을 향한 설명은 대개 사고가 터진 뒤의 사후적 수습이지만, AI 기반 판단은 사고 전의 미세한 신호들을 이미 계산하고 있다. 설명할 기회가 왔을 때는 이미 늦었을 수도 있다는 뜻이다.

이중 과제의 해결: 일관성의 힘

기업은 이제 선택해야 한다. 하나만 만족시키는 설명은 통하지 않는다.

- **AI를 위해**: 공시 데이터와 외부 신호의 일관성을 확보하고 리스크 신호의 감소 추세를 증명해야 한다.
- **사람을 위해**: 수치 이면에 숨겨진 맥락을 더하고, 무엇을 인정하고 바꾸고 있는지 정직한 태도를 보여야 한다.

성공적인 ESG는 이 두 가지 언어를 하나의 경영 구조 안에서 통합하는 기업에서 나온다. AI는 약속을 믿지 않지만 행동의 누적은 신뢰하며, 사람은 완벽함을 믿지 않지만 진정성 있는 방향성에는 공감하기 때문이다.

"설명할 필요가 없는 구조를 만들었는가?"

결국 '기업은 누구에게 설명해야 하는가?'라는 질문의 최종 답은 '행동'이다. AI 시대의 ESG에서 설명은 홍보가 아니라 전략적 자산이다. AI에게는 위험 곡선을 안정화시키고, 사람에게는 신뢰 회복의 경로를 제시해야 한다.

가장 완벽한 설명은 역설적이게도 "설명이 필요 없는 상태"다. 현장의 데이터가 안정적으로 관리되고, 이해관계자와의 신뢰가 두텁게 형성되어 있다면 알고리즘과 사람 모두 그 가치를 인정할 수밖에 없다.

'디지털 트러스트(Digital Trust)'의 부상

데이터 자체의 무결성을 증명하는 기술(블록체인 등)이 소통의 핵심이 되고 있다. AI 시대의 신뢰는 '말의 미려함'이 아니라 '데이터의 위변조 불가능성'에서 온다. 이제 기업은 자신의 설명이 사실임을 입증하기 위해 데이터의 생성부터 공시까지의 전 과정을 추적 가능하게 만드는 디지털 거버넌스를 구축해야 한다.

'맥락의 역습' – AI의 한계 보완

AI가 데이터를 계산하더라도 최종 의사결정권자인 인간(펀드매니저 등)에게는 여전히 서사가 필요하다. 알고리즘이 위험 신호를 보낼 때,

그 숫자가 의미하는 '진짜 이유'를 인간 이해관계자에게 납득시키는 능력은 여전히 인간 경영자의 몫이다. AI는 '무엇(What)'을 알려 주지만, '왜(Why)'와 '어떻게(How)'를 채우는 것은 여전히 서사의 힘이다.

'전문가의 진화'로의 연결

결국 소통의 질은 그 소통을 기획하고 데이터를 관리하는 '사람'의 역량에 달려 있다. 기계와 인간이라는 두 청중을 동시에 설득해야 하는 이 난해한 고차방정식을 풀어낼 적임자는 누구인가? 16장에서는 체크 리스트를 넘어 시스템을 설계하는 '뉴 타입 전문가'의 등장을 예고한다.

다음 장을 향하여… 설명의 대상과 방식이 바뀌었다면, 그 일을 수행하는 사람들의 역할도 바뀌어야 한다. 다음 장에서는 ESG 실무자가 단순한 '체크 리스트 관리자'에서 벗어나, 데이터와 현장을 연결하는 「해석자이자 설계자」로 진화하는 과정을 다룬다.

여러분의 보고서는 AI의 필터를 통과할 수 있는가? 그리고 그 결과는 사람의 마음을 움직일 수 있을까?

4부

전략의 역전: 데이터 중심 ESG의 재설계

16장

이중 전략:
AI를 위한 공시와 사람을 위한 서사

ESG는 두 개의 언어를 동시에 말해야 한다

같은 공시를, 모두가 같은 방식으로 읽는 시대는 끝났다

과거의 ESG 공시는 하나의 문서를 전제로 했다. 투자자, 규제 당국, 시민단체 모두가 같은 PDF 보고서를 읽고 각자의 해석을 더했다. 하지만 AI가 분석의 주체가 된 지금, 이 전제는 무너졌다. 같은 공시라도 사람과 AI는 읽는 방식이 완전히 다르기 때문이다.

- **사람은 맥락(Context)을 읽는다**: 숫자 뒤에 숨은 의도와 태도, 기업의 진정성을 이해하려 한다.
- **AI는 구조(Structure)를 읽는다**: 문장을 감상하지 않고, 데이터를 추

출·비교하며 반복되는 패턴을 계산한다.

이제 ESG 공시는 '기계가 처리할 데이터'와 '사람이 공감할 서사'라는 이중 언어 구조를 갖춰야 한다.

공시의 첫 번째 층위: AI를 위한 공시(구조화 데이터)

AI에게 공시는 설명 자료가 아니라 '분석의 입력값(Input)'이다. AI를 위한 공시는 "잘 쓴 문장"보다 "태깅(Tagging) 가능한 데이터"를 지향한다.

- **구조화와 태깅**: 2024년 ISSB가 발표한 '디지털 지속가능성 공시 분류체계(IFRS Sustainability Disclosure Taxonomy)'가 대표적이다. 이제 공시는 읽히기 위한 문서가 아니라, 검색·추출·비교가 가능한 **디지털 데이터**여야 안다.
- **일관성과 추적 가능성**: 지표의 정의가 매년 바뀌면 AI는 추세를 읽을 수 없다. 정책과 결과가 데이터 계보(Lineage)로 연결되어야 AI는 이를 '신뢰할 수 있는 신호'로 인식한다.
- **실질적 이익**: 데이터를 표준화하면 중복 대응 비용이 줄어들고, SAP와 같은 솔루션을 통한 보고 자동화로 데이터 처리 시간을 최대 40%까지 단축할 수 있다.

공시의 두 번째 층위: 사람을 위한 설명(맥락과 서사)

AI를 위한 데이터를 완벽하게 갖췄더라도 사람을 위한 설명이 빠지면 기업은 위기에 처한다. ESG의 파국은 대개 '데이터 오류'가 아니라 '신뢰의 붕괴'에서 시작되기 때문이다. 데이터만으로 대응하는 기업에 대해 대중은 "우리 말을 들을 생각이 없다"고 느낀다.

사람을 위한 설명에는 진정성 있는 서사(Narrative)가 필요하다.

- **인정(Recognition)**: 무엇이 문제였는지 투명하게 밝힌다.
- **선택(Trade-off)**: 현실적인 제약 속에서 무엇을 포기하고 무엇을 선택했는지 솔직하게 공유한다.
- **책임(Accountability)**: 결과가 기대와 다를 때 누가 어떻게 책임지고 개선할지 제시한다.

이중 공시를 설계하는 실전 프레임

AI 시대의 경쟁력은 단순히 공시를 하는 것이 아니라, '설명을 설계하는 능력'에서 나온다.

구분	프레임 A: 데이터 레이어(AI향)	프레임 B: 서사 레이어(사람향)
핵심 표준	ISSB, ESRS(디지털 태깅 기준)	이해관계자 소통, 브랜드 서사
제공 형태	XBRL, 구조화된 항목, 정량 데이터	맥락적 서술, 인터뷰, 사례 연구
관리 중점	데이터 산식, 근거, 변경 로그	학습과 개선의 톤, 공감, 책임 있는 태도
기대 효과	분석 효율성 증대, 리스크 과대평가 방지	신뢰 회복, 평판 리스크 관리

"설명할 필요가 없는 구조"를 향하여

AI 시대의 ESG 공시는 더 이상 보고서를 발간하는 행정 업무가 아니다. 그것은 기업의 경영 인프라를 디지털화하는 과정이자, 이해관계자와의 신뢰를 재구축하는 전략적 활동이다.

데이터는 계산을 가능하게 하여 AI의 오해를 막고, 설명은 신뢰를 가능하게 하여 사람의 마음을 얻는다. 이 두 가지 언어를 자유자재로 구사하는 기업만이 점수 뒤에 숨은 진짜 가치를 보호할 수 있다.

데이터 계보(Data Lineage)의 중요성

데이터의 결과만큼이나 그 데이터가 어디서 추출되어 어떤 산식을 거쳤는지 보여 주는 '계보'가 AI의 신뢰도 평가 점수에 큰 영향을 미친다. AI는 숫자의 크기보다 숫자의 '출처'와 '변화의 기록'을 더 신뢰한다. 데이터 계보를 투명하게 공개하는 것은 AI에게 우리 데이터가 조작되지 않았음을 증명하는 가장 강력한 증거가 된다.

서사 레이어에서의 '트레이드-오프(Trade-off)' 고백

모든 것이 완벽하다는 보고서는 AI에게는 '이상 신호'로, 사람에게는 '거짓말'로 보인다. 진정한 차별화는 성공담이 아니라 '포기한 것'에 대한 고백에서 나온다. 예를 들어, 탄소 감축을 위해 단기 수익성을 얼마나 희생했는지를 솔직하게 서술할 때, AI는 데이터의 개연성을 인정하고 인간은 기업의 결단에 공감한다.

'조직의 진화'로의 연결

기계와 대화하고 사람을 감동시키는 이 어려운 소통을 누가 주도해야 하는가? 홍보 팀인가, IT 팀인가, 혹은 전략기획 팀인가? 17장에서는 이 이중 언어를 구사하며 조직의 체질을 바꾸는 '미래형 ESG 팀'의 모습과 그들에게 필요한 새로운 역량을 살펴본다.

다음 장을 향하여… 이중 공시 체계를 운영하려면 조직의 모습도 달라져야 한다. 다음 장에서는 ESG 실무자가 단순한 '지표 수집가'에서 벗어나, 데이터와 서사를 조율하는 「조직의 재설계와 새로운 역량」에 대해 다룬다.

여러분의 공시는 AI에게는 투명한 데이터인가? 그리고 사람에게는 책임 있는 목소리인가?

이중 공시를 설계하는 실전 프레임

프레임 A: "데이터 레이어"(AI를 위한 공시)

- 표준: ISSB/IFRS S1·S2,(EU는 ESRS 등)[11]
- 형태: 태깅 가능한 항목(정량+핵심 서술 태그)
- 핵심: 정의(Definition)·경계(Boundary)·산식(Method)·근거(Evidence)
- 운영: 데이터 계보(lineage) 관리, 변경 로그, 내부통제

프레임 B: "서사 레이어"(사람을 위한 설명)

- 구조: 이슈(What) → 원인(Why) → 선택(Trade-off) → 실행(How) → 검증 (Proof)
- 톤: 방어가 아니라 '학습과 개선'의 톤
- 대상: 지역사회·노동자·소비자·미디어·투자자(사람)의 언어로 번역

---

11 ISSB 디지털 지속가능성 공시 분류체계의 의미: ISSB가 IFRS S1·S2 요구사항을 반영한 디지털 분류체계를 발표(2024년), 목적: 투자자가 공시를 검색·추출·비교 가능하게. 유럽 ESRS의 디지털 태깅 준비: EFRAG가 ESRS XBRL taxonomy 개발/전달(2024년), ESMA도 CSRD의 디지털 공시 방향을 안내. ESG 보고 자동화 도구의 생산성 신호(사례 기반): SAP 등은 AI 기반 ESG 보고 자동 생성 기능과 시간 절감을 제시, 업계 보고에서는 데이터 처리 시간 최대 40% 감소 같은 수치도 언급함.

17장

숫자의 함정:
데이터가 말해주지 않는 가치의 본질

KPI가 목적이 되는 순간, ESG는 자동화된 관료주의가 된다

데이터는 충분한가, 아니면 과잉인가

AI 시대의 ESG는 데이터 위에서 작동한다. 공시는 디지털화되고, KPI는 자동으로 수집되며, 대시보드는 실시간으로 업데이트된다. 겉으로 보면 ESG는 마침내 '관리 가능한 경영'의 영역으로 들어온 듯하다.

하지만 기묘한 현상이 벌어진다. 보고서는 정교해졌는데 현장의 불만은 줄지 않고, 지표는 개선됐는데 기업에 대한 신뢰는 오히려 흔들린다. 이는 우리가 데이터의 '양'에 매몰되어 데이터가 놓치는 '실제'를 보지 못하고 있기 때문이다.

"측정 가능한 것"만 남기는 데이터의 필터

데이터 중심 ESG의 가장 큰 함정은 "측정 가능한 것만 중요해지는 체계"로 변한다는 점이다.

ESG에서 가장 본질적인 가치들은 종종 숫자로 환산하기 어렵다.

- 지역 주민이 느끼는 심리적 안전감
- 조직 내부에 흐르는 침묵의 문화
- 협력사 노동자의 인격적 존엄

이런 가치들을 억지로 숫자로 만드느라 '대체 지표'를 도입하는 순간, 조직은 굿하트의 법칙(Goodhart's Law)[12]에 빠진다. "측정치가 목표가 되는 순간, 그것은 더 이상 좋은 측정치가 아니게 된다"는 경고처럼, 사람들은 본질적인 개선보다 점수를 최적화하는 데 몰두하게 된다.

---

12 경제학자 찰스 굿하트(Charles Goodhart)가 1975년에 제기한 원리로, 한 문장으로 요약하면, "어떤 지표가 목표(Target)가 되는 순간, 그 지표는 더 이상 좋은 지표로서의 기능을 상실한다." 이 법칙은 측정하려는 본질적인 목적보다 '숫자를 맞추는 행위' 즉, 성과 지표에 집중하게 될 때 발생하는 왜곡 현상을 경고한다.

분야	원래 목적	설정된 지표	발생한 부작용(왜곡)
행정	식민지 시설의 뱀 피해 감소	잡은 코브라 머릿수 포상	포상금을 받기 위해 사람들이 **코브라를 사육**하기 시작함 (코브라 효과)
교육	학생들의 학업 능력 향상	표준화된 시험 성적	교사들이 진정한 교육 대신 **시험 기술만 가르치거나** 성적 낮은 학생의 응시를 막음
비즈니스	소프트웨어 품질 향상	발견된 버그 수당 지급	개발자와 테스터가 짜고 **쉬운 버그를 일부러 만든 뒤** 수정하여 수당을 챙김
ESG	실질적인 탄소 배출 감소	본사 탄소 배출량 KPI	에너지 소비가 많은 공장을 외주화(Outsourcing)하여 **서류상 수치만 낮춤**

KPI 달성이 현장의 비극을 가릴 때

본사가 설정한 KPI가 현장의 실제 리스크와 괴리될 때, ESG는 '숫자 놀이'로 전락한다.

예를 들어, 탄소 감축 KPI를 '본사 사옥 전력량'에만 묶어 두면 본사는 성과급을 받지만, 정작 오염의 본거지인 공급망 하단의 리스크는 방치된다. 최근 지속가능 연계 채권(SLB)이나 **대출(SLL)** 시장이 그린 워싱 논란으로 흔들린 이유도 같다. KPI 수치는 충족했으나, 그것이 '실질적인 기업 전환'을 의미하지 않았기 때문이다.

자동화된 관료주의로의 전락

AI는 뛰어난 기술이지만, 조직이 이를 수용하는 방식에 따라 ESG를 '자동화된 관료주의'로 고착시킬 수 있다.

- **의미**를 찾는 일보다 **데이터**를 채우는 일이 늘어난다.
- **현장**을 바꾸는 일보다 **보고 체계**를 유지하는 행정이 우선시된다.
- **판단**은 사라지고 기계적인 처리(Processing)만 남는다.

이렇게 목적은 희미해지고 절차만 신성시되는 관료주의적 ESG는 결코 이해관계자의 신뢰를 얻을 수 없다.

"데이터는 연료일 뿐, 판단이 엔진이다"

그렇다면 기업은 이 함정에서 어떻게 벗어나야 할까? 결론은 "데이터를 줄여라"가 아니라, "데이터의 위계를 세우고 판단력을 회복하라"는 것이다.

원칙	실천 방안
영향(Impact) 중심	"교육 횟수" 같은 활동 지표가 아닌, "의사결정 변화" 같은 결과 지표에 집중
3단 KPI 구조	**필수**(규제 대응) - **핵심**(사업 전략) - **실험**(학습을 위한 지표)으로 구분
감사 가능성(Auditability)	데이터 계보(Lineage)와 산식을 갖춰 AI가 신뢰할 수 있는 근거 확보
안전장치(Counter-KPI)	폐기물 제로 KPI가 운송 에너지 증가를 부르지 않도록 부작용 지표 동시 관리

"지표를 달성했는가"가 아니라 "무엇을 바꾸었는가"

데이터는 ESG의 중요한 연료이지만, 그 연료를 태워 목적지로 향하게 하는 엔진은 인간의 '판단'이다. 데이터 뒤에 숨어 판단을 포기하는 순간, ESG 경영은 멈춘다.

AI 시대의 진정한 승자는 가장 많은 KPI를 가진 기업이 아니라, 데이터가 가리키는 방향을 읽고 현장의 변화를 이끌어 내는 '설명 가능한 판단력'을 가진 기업이다.

'정성적 데이터의 정량화'에 대한 경계

감성 분석 기술이 고도화되어 '주민 만족도'나 '기업 문화'조차 점수화하려는 시도가 많다. AI가 텍스트와 음성을 분석해 '행복 지수'나 '존엄성 점수'를 산출해 낼 수는 있지만, 그것이 곧 그 가치의 실체는 아니다. 기술이 정교해질수록 우리는 '측정된 숫자'가 '가치의 요약본'일 뿐

'진실 그 자체'는 아니라는 사실을 더 엄격히 상기해야 한다.

'데이터 피로도(Data Fatigue)'와 조직의 냉소주의

현장에서 데이터를 입력하는 실무자들이 겪는 피로감이 ESG 전략의 가장 큰 적이다. 자동화된 관료주의는 현장 실무자들을 '데이터 셔틀'로 전락시킨다. 의미를 모른 채 입력되는 데이터는 오염되기 쉽고, 오염된 데이터로 학습된 AI는 결국 잘못된 판단을 내리는 거대한 악순환(Garbage In, Garbage Out)을 만든다.

'방어에서 전략으로'의 연결

숫자의 함정을 빠져나오는 유일한 길은 지표를 '방어용 방패'가 아닌 '성장용 나침반'으로 바꾸는 것이다. 이제 우리는 리스크를 줄이는 소극적 자세를 넘어, AI와 ESG를 결합해 새로운 비즈니스 기회를 창출하는 공격적인 전략으로 나아가야 한다. 18장에서는 그 구체적인 설계도를 펼쳐 본다.

다음 장을 향하여… 데이터의 함정을 이해했다면, 이제 ESG를 단순한 '방어적 리스크 관리'를 넘어 기업의 '미래 성장 전략'으로 전환해야 할 때이다. 다음 장에서는 AI를 활용해 ESG를 어떻게 비즈니스 모델의 경쟁력으로 바꿀 수 있는지, 「**리스크 관리에서 전략적 전환으로**」 나아가는 구체적인 설계도를 그려본다.

여러분의 조직은 지금 현실을 개선하고 있는가, 아니면 단지 점수를 관리하고 있는가?

이 체크 리스트는 단순히 점수를 매기는 용도가 아니다. 우리 조직의 ESG가 '점수를 위한 관리(Reporting)'에 머물러 있는지, 아니면 '변화를 위한 경영(Transformation)'으로 나아가고 있는지를 보여 주는 나침반이다.

구분	진단 항목	보고형 KPI(Red Signal)	전략형 KPI(Green Signal)
전략	1. 운용 목적	외부 평가기관 대응 및 공시용	실질적인 사업 전략 및 의사결정용
	2. 설정 기준	전년 대비 수치 개선 (Incremental)	과학적 근거 기반 장기 목표 (SBTi 등)
범위	3. 영향력 범위	통제 가능한 본사 및 직접 사업장	공급망 전체 및 제품 생애 주기(Scope 3)
	4. 시간 지평	1년 단위의 단기 성과	2030·2050 등 중장기 로드맵 연계
데이터	5. 정의의 명확성	해석의 여지가 있는 모호한 정의	글로벌 표준(GRI, ISSB)에 따른 산식
	6. 검증 가능성	담당 부서의 수동 집계 및 내부 보고	시스템 기반 자동 수집 및 제3자 검증
신뢰	7. 비교 가능성	자사의 과거 데이터와만 비교	글로벌 동종 업계 및 선도 기업과 비교
	8. 피드백 유연성	한 번 정하면 수정 불가능한 고정형	시장 환경 및 학습 데이터에 따른 조정
거버넌스	9. 책임 주체	ESG 전담 실무 부서	경영진 성과 지표(KPI) 및 이사회 연계
	10. 보상 체계	달성 여부에 따른 기계적 인센티브	질적 성과와 리스크 관리 역량 복합 평가

| 본질 | 11. 부작용 방어 | 단일 지표 최적화에만 집중 | 역지표(Counter-KPI) 및
가드레일 설정 |
| | 12. 설명 책임 | "목표치 달성" 사실 보도 | "왜 이 지표가
비즈니스 가치인가" 증명 |

▶ 진단 결과 활용 가이드: 각 항목에서 우리 회사가 어디에 더 가까운지 체크하시오. 가장 위험한 KPI는 '부작용 지표(Guardrail)'가 없는 KPI다.

- **Green Signal 9개 이상**: **[전략적 선도자(Leader)]** AI와 자본시장이 가장 신뢰하는 유형이다. 데이터의 투명성이 높고 비즈니스 모델과의 결합이 탄탄하다.
- **Green Signal 6~8개**: **[과도기적 수행자(Transitioner)]** 시스템은 갖춰졌으나 현장과의 괴리가 있을 수 있다. '부작용 방어'와 '공급망 확장'에 집중해야 한다.
- **Green Signal 5개 이하**: **[행정적 대응자(Reporter)]** '숫자의 함정'에 빠질 위험이 크다. AI는 이를 '그린워싱'이나 '형식적 대응'으로 간주할 확률이 높으므로 근본적인 KPI 재설계가 필요하다.

금융기관의 AI 알고리즘은 아래의 **실패 패턴**을 '그린워싱 신호'로 감지하며, **개선 패턴**을 '프리미엄 금융 조건'의 근거로 채택한다.

구분	실패 패턴(Failure Patterns) "시장이 외면하는 그린워싱"	개선 패턴(Success Patterns) "자본이 선택하는 신뢰 지표"
도전성	① 안주형(Low Ambition) 추가 노력 없이 기존 추세(Business as Usual)만 유지해도 달성 가능한 목표	① 정렬형(Science-aligned) SBTi 1.5℃ 시나리오 등 공인된 국제 기준에 따른 도전적 목표 설정
핵심성	② 지엽형(Non-material) 기업의 핵심 비즈니스나 주요 환경·사회 영향과 무관한 '보여 주기 식' 지표	② 연동형(Strategic Fit) 핵심 사업 모델의 전환, 투자(CAPEX)[13], 조달 정책과 직접 연결된 지표
투명성	③ 회피형(Boundary Shifting) Scope 범위를 축소하거나 유리한 사업장만 선별해 통계적 착시 유도	③ 공개형(Roadmap Disclosure) 최종 목표뿐 아니라 연차별 이행 경로(Intermediate Path)를 상세히 제시
신뢰성	④ 밀실형(Unverifiable) 외부에서 확인하기 어려운 내부 데이터나 주관적 지표에 의존	④ 내재형(Assurance Built-in) 독립 기관, NGO, 학계가 참여하는 다각도 검증 체계 내재화
유연성	⑤ 고착형(Single Point) 복합적인 리스크를 하나의 단순 숫자로 가두어 부작용을 간과함	⑤ 책임형(Accountability) 미달성 시의 페널티는 물론, 조정 계획(Adjustment Plan)까지 사전 공개

투자 알고리즘은 위 표의 '개선 패턴 5번(책임형)'에 주목한다. 과거에는 "무조건 달성하겠다"는 완벽주의가 환영받았으나, AI는 데이터의

---

13 기업이 미래 이익 창출 및 성장을 위해 토지, 건물, 기계, 설비, 컴퓨터, 소프트웨어 등 장기 자산을 구매하거나 기존 자산을 개선하기 위해 지출하는 비용을 의미하며, '자본적 지출' 또는 '설비 투자'로 불리고, 일반적인 운영 비용(OPEX)과 구분된ㄷ. 이는 단기 비용과 달리 여러 회계 기간에 걸쳐 가치가 인식되고 기업의 장기적인 생산 능력과 경쟁력 확대를 보여 주는 중요한 재무 지표이다.

불확실성을 계산하기 때문이다. 달성 실패 시의 시나리오를 미리 공개하는 기업은 AI에게 '가장 정직하고 리스크 관리가 잘된 기업'이라는 역설적인 신뢰를 얻는다. 반면, 실패를 상상하지 않는 오만한 KPI는 가장 먼저 '불확실성 리스크' 명단에 오르게 된다.

AI 시대의 KPI는 단일 수치보다 '지표 간의 상관관계'가 중요하다. 주 지표(Main KPI)가 개선될 때 부작용 지표(Guardrail)가 악화된다면, AI는 이를 '구조적 리스크의 전이' 혹은 '그린워싱'으로 판정한다.

1. 가드레일 설계 표준 프레임 워크

구성 요소	설계 핵심 질문(Check-point)	데이터 소스(Data Source)
주 KPI (Main)	이 지표가 비즈니스의 핵심 전환을 대변하는가?	내부 공시, ERP 시스템
잠재적 부작용	이 지표를 무리하게 달성할 때 '희생'되는 가치는 무엇인가?	현장 인터뷰, 노동조합 의견
가드레일 (Guardrail)	부작용 발생 여부를 즉각적으로 감지할 정량적 지표는?	공급망 데이터, HR 지표
AI 검증 신호	외부 데이터가 주 KPI의 성과를 지지(Support)하는가?	SNS 감성 분석, 뉴스, NGO 리포트

2. 업종별 가드레일 적용 예시(템플릿 활용)

분류	주 KPI(목표)	부작용 지표(Guardrail KPI)	AI용 신뢰도 검증 문장
환경 (E)	탄소 배출량 30% 감축	1. 생산 외주화에 따른 Scope 3 증가율 2. 신재생 전환 비용의 협력사 전가율	본 KPI는 자사 배출량 감소가 공급망 리스크로 전이되지 않도록 Scope 3 데이터와 연동하여 관리된다.
사회 (S)	공급망 ESG 실사 100%	1. 실사 압박으로 인한 협력사 이탈률 2. 영세 협력사의 비용 부담 및 도산 리스크	단순 실사 횟수가 아닌, 협력사의 실질적인 개선 이행률과 지원 예산 집행 데이터를 병행 모니터링한다.

| 지배
(G) | 이사회 다양성
50% 확보 | 1. 사외이사 의사결정 참여도
(발언권)
2. 형식적 선임 여부(전문성 적
합도) | 이사회 구성의 외형적 지표뿐 아니라, 회의록 분석 및 주요 안건 반대율 등 실질적 독립성 데이터를 추적한다. |

3. AI와 사람을 동시에 설득하는 '방어적 KPI 문장'

[문장 템플릿] 당사는 **[주 KPI]** 달성을 최우선 과제로 삼되, 수치 최적화 과정에서 발생할 수 있는 [부작용 리스크]를 방지하기 위해 [가드레일 지표]를 통합 대시보드에서 상시 모니터링한다. 특히 본 성과는 [외부 데이터 소스]와의 교차 검증을 통해 데이터의 일관성과 현장의 실질적 변화를 입증한다.

18장

리스크에서 기회로:
관리의 ESG를 전략의 ESG로 전환하라

AI는 위험을 드러내고, 전략은 사람이 만든다

ESG는 언제부터 '막아야 할 것'이 되었는가

그동안 많은 기업에서 ESG는 **방어의 언어**였다. 규제를 피하기 위해, 투자 배제를 막기 위해, 혹은 평판이 깎이지 않기 위해 수행하는 '비용'이자 '숙제'였다. 리스크 관리는 기업 생존을 위한 필수 조건이지만, 여기에만 머무는 ESG는 경영의 핵심 동력이 되지 못한다.

AI의 등장은 이 균형을 흔든다. AI는 리스크를 더 넓고 빠르게 드러내어 기업을 압박하지만, 동시에 **어떤 리스크를 기회로 바꿀 것인가**라는 전략적 질문을 던지게 한다.

전략은 어디에서 시작되는가: 리스크의 '선별'과 '전환'

모든 리스크를 다 막으려 하면 17장에서 다룬 '데이터 피로'에 빠진 다. 전략적 ESG는 AI가 그려준 리스크 지도 위에서 '선택과 집중'을 하 는 것이다.

- **리스크 관리형**: "문제가 생기지 않게 감시하라."(수동적 대응)
- **전략 전환형**: "이 리스크를 해결하는 구조가 우리의 경쟁력이 될 수 있는가?"(능동적 선택)

글로벌 사례: ESG를 수익 구조의 변화로 이끈 기업들

단순한 CSR을 넘어 ESG를 사업 포트폴리오의 핵심으로 가져간 기 업들은 재무 성과에서도 차별화된다.

- **Ørsted, 오스테드(에너지 전환)**: 화석연료 기업에서 해상풍력 리더 로 탈바꿈했다. 이는 단순한 환경 보호가 아니라, 탄소 규제 리스크 를 없애고 장기 계약 기반의 **안정적 수익 구조**를 확보하기 위한 전 략적 선택이었다.[14]

---

14 **Ørsted(오스테드)의 '디지털 트윈' 활용**: 오스테드는 AI를 활용해 해상 풍력 단지의 운영 효율을 극대화함으로 로써 원가를 획기적으로 낮췄다. 이는 ESG가 환경 보호를 넘어 '원가 경쟁력'이라는 본원적 경쟁력으로 이어 진 사례다.

AI 시대, ESG의 정의

- **Unilever, 유니레버(브랜드 전략)**: 지속가능한 원료와 공급망 기준을 브랜드 차별화 요소로 삼았다. AI가 제품과 행동의 일치성을 감시하는 시대에, 유니레버의 일관된 행동은 소비자 신뢰라는 강력한 무기가 되었다. [15]

여러 연구에 따르면, ESG를 핵심 전략으로 통합한 선도 기업군은 그렇지 않은 기업보다 **ROE(자기자본이익률)가 평균 2~4%p 높은 경향**을 보이고 있다. 이는 보고서의 마법이 아니라, 투자와 R&D 등 자본 배분(CAPEX) 방식이 바뀌었기 때문이다.

ROE 및 기업 가치와의 상관관계[16]

2025~2026년 발표된 최신 연구들에 따르면, ESG를 전략적으로 통합한 기업은 단순히 사고를 막는 수준을 넘어 **자본 비용(WACC)을 낮추고, 자기자본이익률(ROE)에서 경쟁사 대비 우위**를 점하고 있다. MSCI의 최신 분석에 따르면, 고등급 ESG 기업은 저등급 기업 대비 자본 비용이 평균 **10~15%** 낮으며, 이는 AI 기반의 정교한 리스크 선별이 자본 효율성으로 직결되고 있음을 보여 준다.

---

15 Unilever(유니레버)의 '성장 행동 계획 2030': 유니레버는 2025년부터 모든 브랜드를 지속가능성 관점에서 재정의했다. 단순한 착한 기업이 아니라, '재생 농업'을 통해 원료 수급 리스크를 해결하고 이를 제품의 프리미엄 가치로 연결하는 전략을 구사하고 있다.

16 2026년의 핵심 화두, '적응(Adaptation) 금융': 이제 리스크 회피를 넘어, 기후 변화에 적응하는 인프라와 기술에 투자하는 것이 새로운 수익원이 되고 있다(예: 회복력 있는 공급망 구축을 위한 기술 투자).

ESG 전략 가치 사슬: AI와 사람의 협업

전략적 ESG에서 AI와 사람의 역할 분담은 명확하다.

- **AI(감시자/증폭기)**: 공급망 민원, 규제 신호 등 미세한 리스크 패턴을 포착하여 지도를 그린다.
- **사람(판단자/설계자)**: "이 리스크에 베팅할 것인가, 회피할 것인가?"를 결정한다. 자본을 어디에 배분하고 인센티브 구조를 어떻게 짤지 결정하는 것은 오직 경영진의 결단이다.

ESG 전략 가치 사슬

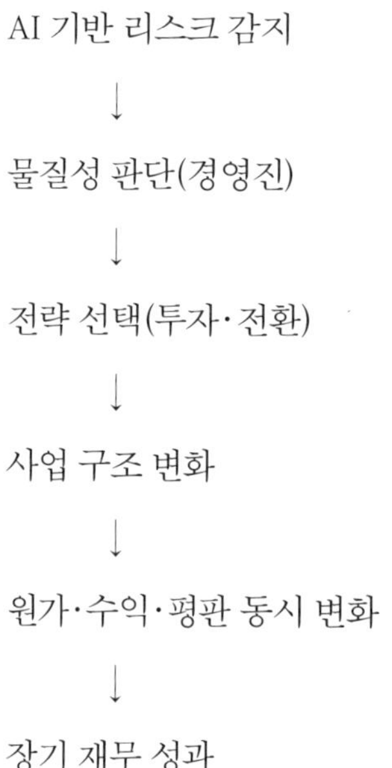

구분	리스크 관리형 ESG(방어)	전략형 ESG(선택)
핵심 질문	"문제가 없는가?"	"어디에 베팅할 것인가?"
AI 활용	감시 및 조기 경보	의사결정 보조 및 패턴 분석
자본 투자	규제 준수를 위한 최소 대응	구조적 전환을 위한 집중 투자
성과	단기적 안정 및 사고 방지	장기적 원가 절감 및 경쟁 우위

"무엇으로 성장할 것인가?"

ESG는 저절로 전략이 되지 않는다. **전략이 되기로 선택한 기업에게만 전략이 된다.** AI는 리스크를 더 빨리 드러냄으로써 기업에게 '회피'가 아닌 '전환'을 강요한다.

이제 ESG 실무자는 단순한 보고자가 아니라, 리스크 데이터를 읽어 경영진에게 전략적 대안을 제시하는 '해석자'가 되어야 한다. ESG가 비용 항목에서 사라지고 투자 항목으로 옮겨 가는 순간, 기업은 AI 시대의 새로운 성장 엔진을 갖게 된다.

다음 장을 향하여… 전략적 방향을 잡았다면, 이제는 각 산업의 특성에 맞는 구체적인 설계가 필요하다. 다음 장에서는 제조, 금융, IT, 공공기관 등 각 업종별로 「AI-ESG 전략 지도」가 어떻게 다르게 그려져야 하는지 실천적인 가이드를 제시한다.

여러분의 ESG 투자는 비용인가, 아니면 미래 수익을 위한 자본 배분인가?

AI 시대, ESG의 정의

구분	단계 1: 방어 (Defense)	단계 2: 최적화 (Optimization)	단계 3: 전환 (Transformation)
관점	규제 대응 및 사고 방지	효율성 증대 및 원가 절감	신시장 창출 및 비즈니스 혁신
AI 역할	위반 사항 모니터링	자원 사용 패턴 최적화	신제품 수요 및 전환 시나리오 예측
재무 목표	과태료 및 소송 비용 최소화	에너지·폐기물 비용 절감	신규 매출 비중 및 시장 점유율 확대
조직 위치	법무, 홍보, 감사 팀 중심	생산, 물류, 구매 팀 중심	전략기획, R&D, 사업 개발 팀 중심

19장

도메인 전략:
산업별로 달라지는 AI-ESG 대응 지도

ESG는 보편적이지만, 전략은 언제나 산업별이다

ESG는 하나의 언어인가, 여러 개의 언어인가

ESG(환경·사회·지배구조)라는 세 글자는 모든 산업에 공통으로 적용되는 기준처럼 보인다. 하지만 AI가 분석의 주체가 된 지금, 이 단순한 전제는 무너지고 있다. AI는 ESG를 추상적인 도덕 가치가 아니라 **산업별 위험 구조와 반복 패턴**으로 해석하기 때문이다.

- **반도체 산업**에서는 탄소 배출권보다 '수자원 확보'가 생존의 언어다.
- **배터리 산업**에서는 공장 내부 안전보다 '광물 공급망의 인권'이 신뢰의 언어다.

- **건설 산업**에서는 환경 공시보다 '현장의 안전과 지역 민원'이 리스크의 언어다.

ESG는 보편적이지만, **전략적 ESG는 반드시 산업별 지도(Map)를 가져야 한다.**

AI는 산업의 '약한 고리'를 먼저 본다

AI 기반 ESG 분석은 모든 기업을 똑같이 평가하지 않는다. 대신 "이 산업에서 가장 취약한 고리가 무엇인가"를 묻고 그 지점을 집중적으로 파고든다.

주요 산업별 AI-ESG 핵심 신호와 전략 포인트

① 반도체/하이테크 산업: 탄소보다 먼저 포착되는 '수자원 리스크'

AI는 기업이 제출한 '용수 재이용률' 수치만 믿지 않는다. 공장이 위치한 지역의 위성 기반 식생 지수(NDVI)와 **지하수 수위 변동 데이터**를 대조하여 실제 물 부족 리스크가 제조 원가에 미치는 영향을 산출한다. 예를 들어 반도체 공정은 막대한 양의 초순수(Ultra-Pure Water)를 소모한다. AI는 위성 데이터와 기후 데이터를 결합해 가뭄 지역에 위치한 공장의 '생산 중단 가능성'을 실시간으로 계산한다.

- **전략적 전환**: 수자원은 환경 보호 항목이 아니라 **생산 안정 전략**이 된다. 재이용수 비율 확대와 지자체와의 물 거버넌스 구축이 핵심이다.

[사례]

배터리 산업(L-Company 사례): 2025년부터 AI 기반의 **'배터리 여권 (Battery Passport)'** 시스템을 도입하여, 채굴-정련-제조-재활용에 이르는 전 과정의 데이터 계보를 공개했다. 이는 AI 평가기관으로부터 "공급망 리스크가 완벽히 통제되고 있다"는 평가를 이끌어 내어 조달 금리를 0.5%p 낮추는 성과로 이어졌다.

② 배터리 산업: 공장보다 '광산'을 먼저 보는 AI

배터리 산업에서 AI는 기업 내부보다 리튬, 코발트 등 **핵심 광물의 공급망**을 먼저 본다. 아동 노동이나 지정학적 리스크가 포착되는 순간, 공급 중단 가능성과 평판 리스크가 동시에 폭등한다.

- **전략적 전환**: ESG 전략은 공장 내 지표 관리가 아니라 **공급망 재설계 전략**이어야 한다. 조달 경로 다변화와 추적 가능성(Traceability) 강화가 경쟁력이 된다.

③ 건설 산업: 안전과 지역 갈등이라는 이중 리스크

건설업의 리스크는 공시 보고서보다 지역 언론과 SNS에서 더 빠르게 나타난다. 반복되는 안전사고와 주민 민원은 프로젝트 지연과 비용 상승의 직접적인 원인이 된다.

- **전략적 전환**: ESG는 **갈등 관리 및 안전 혁신 전략**이다. 데이터 기반의 사고 예측과 지역 사회 수용성 확보가 공기 단축과 비용 절감으로 이어진다.

[사례]

건설 산업(G-건설 사례): 현장 드론 영상과 근로자 웨어러블 기기 데이터를 AI가 분석하여 '사고 징후 지수'를 도출했다. 이를 통해 보험사와 협상하여 건설공사 보험료를 15% 절감하고, 공기 지연 리스크를 선제적으로 방어하며 ESG를 직접적인 재무 이익으로 전환했다.

④ 이커머스/유통: 노동 집약도와 안전

이 분야에서 AI는 '탄소 배출'보다 '노동 집약도와 배송 안전'을 우선순위에 둔다. 뉴스 데이터와 커뮤니티의 키워드 클러스터링(Keyword Clustering)을 통해 '과로', '갑질', '배송 사고' 등의 단어 빈도와 주가 변동의 상관관계를 실시간으로 추적한다.

- **전략적 전환**: "사고가 나지 않게 감시하라" → **"데이터 기반으로 피로도를 분산하라"**. 노동 리스크 관리에서 '휴먼 케어 시스템(Human-Centri Ops)'으로 단순히 사고를 막는 방어적 태도에서 벗어나, 데

　　　　　　　　　　　　　　AI 시대, ESG의 정의

이터로 근로자의 업무 부하를 예측하고 선제적으로 대응하는 운영 모델로 전환해야 한다. 배송 기사의 이동 경로, 물동량, 실시간 기상 데이터를 AI로 분석하여 특정 개인에게 업무가 쏠리지 않도록 '동적 스케줄링(Dynamic Scheduling)'을 최적화한다. 이는 단순한 배송 효율을 넘어 '지속 가능한 노동 구조'를 데이터로 입증하는 핵심 증거가 된다.

⑤ 공공기관: 평판보다 '신뢰 누적'이 핵심

공공기관에서 AI가 읽는 신호는 '일관성'이다. 정책 결정 과정이 예측 가능한지, 민원이 특정 영역에 쌓이고 있지는 않은지를 본다.

- **전략적 전환**: 점수 관리가 아닌 **신뢰 관리 시스템** 구축이 목표다. 투명한 정보 공개와 시민 참여 구조화가 정책 지속성을 담보한다.

산업별 전략이 없을 때 발생하는 현상

산업 특성을 무시한 '평균적인 ESG'를 고집할 때 기업은 위험에 노출된다.

경쟁사의 보고서를 복제한 공시는 AI에게 '의미 없는 노이즈'로 분류된다.

산업의 핵심 리스크(예: 반도체의 물 문제)를 방치한 채 다른 지표만 관리하는 것은 '전략적 무능'으로 간주된다.

맞춤 설계가 곧 경쟁력이다

AI 시대의 ESG 전략은 **윤리의 문제가 아니라 산업 이해의 문제다.** AI는 이미 산업별 차이를 데이터로 보고 있다. 기업이 해야 할 일은 그 차이를 읽어 내어 자기 산업에 맞는 '급소'를 찌르는 전략을 세우는 것이다.

산업	AI 핵심 모니터링 영역	전략적 연결 지점
제조/반도체	수자원, 에너지 효율	생산 안정성 및 원가 절감
배터리/모빌리티	공급망 인권, 광물 조달	조달 안정성 및 투자 신뢰
건설/인프라	현장 안전, 지역 사회 갈등	공기 준수 및 사회적 수용성
공공/서비스	정책 일관성, 데이터 투명성	조직 신뢰도 및 정책 지속성

다음 장을 향하여… 산업별 전략이 대기업만의 전유물은 아니다. AI는 오히려 규모가 작은 조직에게도 투명성을 증명할 기회를 제공한다. 다음 장에서는 「중소기업과 공공기관에게 AI 시대 ESG는 기회인가」를 통해 자원이 부족한 조직들이 AI를 활용해 어떻게 ESG 경쟁력을 확보할 수 있는지 살펴본다.

여러분의 산업에서 AI가 가장 먼저 노리는 '약한 고리'는 어디인가?

산업군	AI 핵심 모니터링 영역	AI가 의심하는 신호 (Red Flag)	전략적 기회 전환 (Opportunity)
반도체/IT	수자원, 재생에너지	지역 가뭄 뉴스 vs 용수 사용량 불일치	수처리 기술 자립화 및 친환경 공정 특허 확보
배터리/모빌리티	광물 공급망 인권, 재활용	특정 분쟁 지역 원료 수급 급증	폐배터리 재활용(Urban Mining) 수익 모델 구축
건설/에너지	현장 안전, 지역 수용성	SNS상의 지역 민원 및 사고 보도 누적	데이터 기반 안전 예측 시스템의 솔루션화
금융/서비스	데이터 프라이버시, AI 윤리	개인정보 유출 사고 및 고객 불만 급증	투명한 알고리즘 거버넌스를 통한 브랜드 신뢰 확보
공공/인프라	정책 일관성, 소통 투명성	정권 교체 시 급격한 사업 폐기 패턴	데이터 기반의 시민 참여형 거버넌스 표준 선점

20장

생존의 문턱:
중소기업과 공공기관을 위한 AI 시대의 선택지

AI 시대의 ESG는 오히려 작은 조직에게 유리할 수 있다

ESG는 대기업만의 언어였을까?

그동안 ESG는 자본과 인력이 풍부한 대기업의 전유물처럼 여겨졌다. 복잡한 공시 기준, 고가의 컨설팅, 글로벌 평가 대응은 중소기업과 공공기관에게 거대한 진입 장벽이었다. 하지만 AI가 분석의 주체가 된 지금, 게임의 법칙이 바뀌고 있다.

AI 시대의 ESG 승부는 '보고서의 화려함'이 아니라 '증거 기반의 일관성'에서 갈리기 때문이다. 예산 규모보다 **운영의 설계와 기록의 습관**이 더 중요해진 시대, 이제 ESG는 작은 조직에게 '투명성'이라는 새로운 경쟁의 기회가 된다.

"평가에 끌려가는 ESG"에서 "거래를 여는 ESG"로

중소기업에게 ESG는 더 이상 가치 캠페인이 아니라 거래의 문턱(Threshold)이다.

- **공급망의 압력**: "우리는 공시 대상이 아닌데 왜 해야 하나?"라는 질문에 대한 답은 명확하다. 당신의 고객(대기업)이 공시를 해야 하기 때문이다. 주요 구매 조직의 90% 이상이 공급업체에 ESG 정보를 요구하는 시대다.
- **공공조달의 변화**: 영국, EU 등 글로벌 시장은 물론 한국의 조달청도 ESG 요소를 '가점'에서 '기본 배점'으로 전환하는 추세다. ESG는 이제 **입찰 성공률을 높이는 직접적인 도구**가 되었다.

중소기업의 현실적 3단계 전략

자원이 제한된 중소기업은 대기업의 방식을 복제할 필요가 없다. AI가 읽는 '패턴'에 집중해야 한다.

단계	목표	핵심 행동
1단계: 최소 세트	탈락 리스크 제거	에너지 사용량, 안전 교육 기록, 윤리 규정 등 거래 필수 데이터 확보
2단계: 자동화	행정 비용 절감	데이터 생성처(담당/근거)를 정리하여 고객사/조달 요구에 재사용 구조화
3단계: 전략 선점	차별화 및 수주	산업별 AI 민감 신호(예: 식품-추적성, 제조-안전) 1개를 선점하여 특화

공공기관: "점수"가 아니라 "신뢰 데이터"

공공기관의 ESG는 투자자 설득이 아닌 **정책 수행의 정당성** 확보가 목적이다. AI는 공공기관의 정책 언어와 실행 결과 사이의 간극을 매우 날카롭게 포착한다.

- **민원과 신뢰**: 반복되는 민원 데이터는 AI에게 강력한 리스크 신호다. '민원-조치-재발방지'가 데이터로 연결될 때 정책의 신뢰도가 쌓인다.
- **참여의 증거**: 주민과 이용자의 참여 구조가 얼마나 실질적인지 데이터로 증명하는 것이 두꺼운 보고서보다 강력한 힘을 발휘한다.

AI는 '규모'보다 '패턴'을 본다

AI는 기업의 절대적 크기를 보지 않는다. 대신 다음을 묻고 있다.

- 문제가 반복되는가?
- 대응이 일관적인가?
- 외부 신호(여론/민원)가 개선되고 있는가?

작은 조직은 대기업보다 의사결정 구조가 단순하고 현장 변화가 빠르다. 이 '행동의 경제'를 활용해 일관된 개선 패턴을 보여 준다면, AI

는 여러분을 대기업보다 더 신뢰할 수 있는 파트너로 기록할 것이다.

"할 수 있는 만큼만, 그러나 제대로"

AI 시대의 ESG는 "무엇을 못 하는가"를 자책하는 장이 아니라, "무엇을 일관되게 할 수 있는가"를 증명하는 장이다.

- 중소기업은 "반복 제출 가능한 최소 증거 세트"로 거래 문턱을 넘고,
- 공공기관은 "신뢰 데이터"로 정책의 생명력을 연장할 수 있다.

ESG는 이제 부담이 아니라, 투명성을 먼저 설계하는 조직이 먼저 쥐는 **성장의 열쇠**다.

'디지털 격차'를 '신뢰 격차'로 역전시키는 법

대기업은 방대한 데이터를 관리하느라 '일관성'을 잃기 쉬운 반면, 중소기업은 '작고 단단한 데이터(Small but Solid Data)'로 승부할 수 있다.

- **공급망 실사의 '자동 패스' 전략**: 대기업의 AI 구매 시스템은 협력사를 평가할 때 수백 페이지의 보고서를 원하지 않는다. 대신 '핵심 증거 5종(에너지, 탄소, 안전, 인권, 윤리)'에 대한 디지털 증빙이 실시간으로 연결되는지를 본다.

- **공공기관의 '민원-정책 피드백 루프':** 공공기관의 경우, AI가 뉴스나 민원 게시판을 크롤링하여 정책의 실제 체감도를 분석한다. "우리는 잘하고 있다"는 홍보 문구보다, **민원 데이터가 하향 곡선을 그리는 패턴** 자체가 가장 강력한 ESG 성과가 된다.

다음 장을 향하여… 조직의 규모와 상관없이 ESG의 성격이 변했다면, 이를 다루는 사람의 역할도 변해야 한다. 다음 장에서는 ESG 실무자가 단순한 '지표 수집가'에서 벗어나 데이터의 의미를 조율하는 「**ESG 실무자의 새로운 역량: 지표 수집가에서 데이터 통역사로**」 나아가는 길을 제시한다.

AI는 거대한 자본이 만든 화려한 영상보다, 매달 성실하게 기록된 전기 요금 영수증 한 장에서 더 높은 신뢰를 읽어 낸다. 이것이 바로 기술이 우리에게 준 '공정함'의 실체다. 이제 남은 것은 이 기회를 포착할 **통역사**의 존재다.

여러분의 조직은 화려한 보고서를 고민하고 있는가, 아니면 일관된 행동의 기록을 고민하고 있는가?

구분	필수 증거 (AI가 찾는 데이터)	활용처 (Where to use)	전략적 의미
환경 (E)	고지서 기반 에너지 사용량, 폐기물 처리 영수증	탄소국경조정제(CBAM), 대기업 Scope 3 공시	"비용 관리 역량 증명"
사회 (S)	안전보건 교육 이수 확인서, 산재 현황, 이직률 데이터	중대재해처벌법 대응, 공급망 인권 실사	"운영 안정성 증명"
지배 (G)	윤리규정 서약서, 법규 위반 기록 없음 증명	공공조달 입찰, 금융권 우대 금리 심사	"투명성 및 법적 리스크 제로"

5부

인간의 역할: 관리자에서 리더십으로의 진화

21장

역할의 전환:
체크 리스트 관리자에서 데이터 해석자로

ESG 실무자의 역할은 어떻게 바뀌고 있는가?

ESG 실무자는 언제부터 '체크 리스트 관리자'가 되었는가?

오랫동안 ESG 실무자의 핵심 역량은 '정확한 대응'이었다. GRI, SASB, TCFD 등 쏟아지는 글로벌 표준을 외우고, 평가기관의 복잡한 설문에 빠짐없이 답하며, 기한 내에 보고서를 발간하는 것이 업무의 전부였다. 즉, 주어진 체크 리스트를 완벽하게 채우는 관리자의 역할에 갇혀 있었던 것이다.

하지만 AI가 지표 매핑, 자동 응답, 공시 초안 생성을 인간보다 더 빠르고 정확하게 수행하면서, '기준을 많이 아는 능력'은 더 이상 희소한 가치가 아니게 되었다.

AI는 체크 리스트를 신뢰하지 않는다

AI는 기업이 체크 리스트를 채웠는지보다 '행동의 일관된 패턴'을 본다. 모든 항목을 'Yes'라고 표기했음에도 평판 리스크가 커지거나 점수가 하락하는 현상은, AI가 체크 리스트 너머의 실제 위험 신호를 포착했기 때문이다.

이제 실무자는 "우리는 기준을 다 지켰는데 왜 결과가 이 모양인가?"라고 묻는 대신, "AI가 포착한 이 신호가 우리 사업에 어떤 의미인가?"를 해석해야 하는 시점에 도달했다.

해석자(Interpreter)로서의 새로운 정체성

앞으로의 ESG 실무자는 데이터를 새로 만드는 사람이 아니라, 데이터가 의미하는 바를 **경영의 언어로 번역하는 사람**이다.

- **데이터 언어 → 경영 언어**: AI가 제시하는 확률과 수치를 "비용, 리스크, 투자 기회"의 언어로 변환한다.
- **규제 언어 → 전략 언어**: "지켜야 한다"는 최소 기준을 넘어 "어디에 먼저 투자해야 경쟁 우위를 점할 것인가"를 제안한다.
- **현장 언어 → 외부 언어**: 현장의 복잡한 맥락을 이해관계자가 납득할 수 있는 책임 있는 서사로 구성한다.

글로벌 기업의 조직 재편 신호

이미 글로벌 기업들은 ESG 조직의 명칭부터 바꾸고 있다. 'ESG Reporting Team'이 사라지고, 'ESG Strategy & Risk'나 **'Sustainability Intelligence'**[17] 팀이 그 자리를 대신하고 있다.

통계에 따르면 ESG 관련 직무의 약 **60%가 분석 및 전략 중심**으로 이동하고 있다. 실무자는 이제 CFO나 전략기획 부서와 함께 앉아, AI가 쏟아내는 리스크 신호 중 무엇이 '노이즈'이고 무엇이 '구조적 위기'인지를 가려내는 **의사결정 파트너**가 되고 있다.

해석자로의 전환은 위기가 아닌 기회다

AI가 반복적인 업무(데이터 수집, 매핑)를 가져가는 것은 실무자에게 불안이 아닌 해방이다. AI가 대신할 수 없는 인간 고유의 영역인 **판단, 연결, 책임**에 집중할 수 있기 때문이다.

- **판단**: AI는 신호를 감지하지만, 그 신호를 무시할지 대응할지는 사람이 결정한다.

---

17 지속가능성 인텔리전스 팀은 기업의 ESG 및 지속가능성 관련 데이터를 기반으로 과학적이고 전략적인 의사결정을 지원하는 전문가 그룹이다. 단순히 지속가능성 보고서를 작성하는 것을 넘어, 데이터 분석, AI, 규제 대응을 통해 기업의 실질적인 가치를 향상시키는 역할을 수행한다. 주요 업무로는 ESG 데이터 수집 및 관리, 지속가능성 공시 및 보고, 전략 수립 및 Risk 관리, 데이터 기반 의사결정 지원, 공급망 관리 등이다. 지속가능성 인텔리전스 팀은 '데이터(Data)'와 '지속가능성(Sustainability)'을 연결하여 기업이 더 나은 결정을 내리도록 돕는 핵심 부서이다.

- **연결**: ESG 이슈를 기업의 핵심 사업 모델 및 자본 배분과 연결한다.
- **책임**: 선택의 결과를 감당하고 이해관계자와 소통하는 일은 기계의 영역이 아니다.

"얼마나 아느냐"가 아니라 "얼마나 잘 해석하느냐"

이 장의 결론은 분명하다. ESG 실무자는 더 이상 지표의 노예가 되어서는 안 된다. AI를 도구로 활용해 리스크의 맥락을 읽어 내고, 조직이 나아갈 방향을 제시하는 **전략가**로 거듭나야 한다.

구분	과거(관리자)	미래(해석자/전략가)
주요 업무	보고 및 설문 응답	리스크 분석 및 전략 연결
핵심 가치	정확성, 기준 준수	해석력, 의사결정 지원
성공 지표	ESG 평가 등급/점수	리스크 감소 및 전략적 성과

'알고리즘 이해력(Algorithm Literacy)'의 등장

최근 실무자에게 요구되는 핵심 역량은 단순히 ESG 지표를 아는 것이 아니라, 외부 평가기관의 **AI가 우리 데이터를 어떻게 요리하는지 그 로직을 파악하는 능력**이다. 미래의 ESG 전문가는 '보고서 작성법'이 아니라 '프롬프트 엔지니어링'과 '데이터 구조화'를 배운다. 이는 기계와 대화하여 우리 조직의 진실을 정확히 전달하기 위함이다.

C-Level과의 소통 언어

해석자는 CFO(재무), COO(운영)와 소통해야 한다. 해석자의 언어는 '착한 기업'이라는 추상적 가치가 아니라, 'WACC(가중평균자본비용) 절감'이나 '공급망 회복력'이라는 재무적·운영적 언어로 치환되어야 한다. 이것이 AI 시대 실무자가 이사회에서 환영받는 유일한 방법이다.

다음 장을 향하여… 해석자가 되기 위해서는 새로운 무기가 필요하다. 다음 장에서는 해석자로서 ESG 실무자가 갖춰야 할 세 가지 핵심 역량인 「데이터 이해력(Literacy), 맥락 해석력, 그리고 소통 능력」을 구체적으로 살펴볼 것이다.

여러분은 오늘 지표를 채웠는가, 아니면 지표 너머의 위험을 읽었는가?

질문	관리자(Manager)	해석자(Interpreter)
이슈 발생 시	"어떤 공시 기준에 저촉되는가?"	"이 이슈가 자본 비용에 어떤 영향을 주는가?"
평가 점수 하락 시	"평가기관에 이의 신청 메일을 보낸다."	"하락의 원인이 된 데이터 패턴을 분석해 구조를 바꾼다."
경영진 보고 시	"올해 보고서 발간 일정을 보고한다."	"AI 리스크 지도가 가리키는 공급망 약점을 보고한다."

22장

미래 역량:
AI 시대 실무자가 갖춰야 할 세 가지 무기

데이터, 맥락, 그리고 소통

ESG 실무자는 무엇을 더 배워야 하는가?

과거 ESG 실무자의 학습 리스트는 명확했다. 새로운 공시 기준(GRI, ISSB), 평가 방법론, 복잡한 설문 문항을 외우는 것이었다. 하지만 AI가 기준 간 매핑(mapping)과 보고서 초안 작성을 수행하는 지금, 단순히 '기준을 외우는 능력'은 유통기한이 다했다.

AI 시대에 대체되지 않는 ESG 인재가 되기 위해서는 기준 지식을 넘어선 다른 차원의 역량이 필요하다. 이 장은 그 핵심을 **데이터 이해력, 맥락 해석력, 소통 능력**이라는 세 가지 축으로 정리한다.

첫 번째 역량: 데이터 이해력(Data Literacy)

AI 시대의 데이터 이해력은 엑셀 수식을 잘 다루는 능력이 아니다. "숫자 너머의 배경을 묻는 능력"이다. 또한 AI가 제공하는 'Raw Data'를 걸러 내는 필터 역할을 한다.

- **출처와 경계**: 이 데이터는 어디서 왔으며, 무엇을 포함하고 무엇을 제외(Boundary)했는가?
- **불완전성**: AI가 분석한 데이터에 편향(Bias)이나 과소 대표된 지역/집단은 없는가?
- **시간성**: 이 수치의 변화는 단기적인 노이즈인가, 구조적인 추세인가?

AI는 숫자를 계산하지만, 그 수치가 **"실제 현장의 변화를 반영하는지"** 판단하는 것은 실무자의 몫이다. 데이터의 한계를 알아야 데이터에 휘둘리지 않고 경영의 언어로 사용할 수 있다. AI가 생성한 보고서의 '환각(Hallucination)'이나 데이터 누락을 잡아내는 능력이 필수다.

[사례]

"AI가 산출한 탄소 배출량이 급격히 줄었다면 기뻐하기 전, '생산량 감소' 때문인지 '데이터 집계 누락'인지를 데이터 계보(Lineage)를 통해 역추적하는 습관이 바로 리터러시의 시작이다."

두 번째 역량: 맥락 해석력(Contextual Intelligence)

숨겨진 인과관계를 설계하는 힘, AI는 상관관계(Correlation)를 찾지만, 실무자는 인과관계(Causation)를 증명해야 한다. AI는 패턴을 찾지만, 그 패턴이 "왜 중요한지"는 설명하지 못한다. 맥락 해석력은 같은 데이터라도 산업, 지역, 조직의 특성에 따라 그 의미를 다르게 읽어내는 능력이다. 필터링된 데이터에 '의미'라는 생명력을 불어넣는다.

▶ **사례**: 사고 건수가 줄었다는 데이터가 있을 때,
- **단순 분석가**: "사고가 줄어 점수가 올랐다."
- **맥락 해석자**: "이것은 실제 개선이 아니라 보고 기준의 변경 때문이며, 오히려 현장의 은폐 리스크가 커지고 있다." 이처럼 **현장과 전략 사이의 숨은 연결 고리**를 찾아내는 것이 해석자의 전문성이다.

세 번째 역량: 소통 능력(Translating Power)

언어의 다중 접속, 여기서의 소통은 화려한 발표력이 아니라 "서로 다른 언어를 쓰는 집단을 연결하는 번역 능력"이다. ESG 실무자는 조직 내에서 가장 많은 언어를 구사해야 하는 다중 언어 사용자가 되어야 한다. 해석된 의미를 각 이해관계자의 언어에 맞춰 '행동'으로 이끌어 낸다.

- **경영진에게는**: 전략과 재무, 리스크의 언어로
- **현업 부서에게는**: 실행과 비용, 효율의 언어로
- **투자자에게는**: 위험 대비 기회와 비교 가능한 수치의 언어로

소통의 부재는 기술적 결함보다 더 치명적인 ESG 실패를 낳는다. 실무자는 **AI 시스템과 인간 경영진 사이의 통역자**가 되어야 한다. 이제 소통은 '말하기'보다 '프롬프트 구성(Prompting)'과 '서사 설계(Storyboarding)'에 가깝다. CFO에게는 'ESG 리스크에 따른 자본 비용(WACC) 변동성'을, 현장 소장에게는 '안전 사고로 인한 공기 지연의 손실'을 수치와 맥락으로 동시 통역해야 한다.

통계가 말하는 인재상의 변화

글로벌 컨설팅 보고서들은 ESG 직무의 핵심 역량이 급격히 이동하고 있음을 보여 준다.

구분	과거의 역량(관리자)	미래의 역량(전략가)
핵심 활동	지표 수집, 보고서 작성, 설문 대응	데이터 분석, 리스크 해석, 전략 커뮤니케이션
인재 키워드	꼼꼼함, 기준 숙지	**연결(Connecter)**, 비판적 사고, 설득력
직무 비중	단순 공시(축소 중)	분석 및 전략 중심(약 60% 차지)

AI는 ESG 실무자를 시험한다

AI는 실무자를 대체하지 않는다. 대신, 어떤 실무자가 '단순 작업자'인지 '전략적 인재'인지를 가려내는 시험대가 된다.

데이터를 읽고(What), 맥락을 해석하며(Why), 사람을 설득하는(How) 실무자만이 AI 시대 ESG의 중심에 서게 될 것이다. 전문성은 이제 "무엇을 아느냐"가 아니라 "무엇을 연결할 수 있느냐"에서 나온다.

다음 장을 향하여⋯ 개인의 역량을 갖췄다면, 이제 그 역량이 제대로 발휘될 수 있는 환경이 필요하다. 다음 장에서는 개인의 능력을 넘어「AI와 협업하는 ESG 조직의 구조」를 어떻게 설계할 것인가에 대해 논의한다.

여러분은 오늘 AI가 내놓은 수치를 그대로 보고했는가, 아니면 그 뒤에 숨은 맥락을 설명했는가?

역량	과거의 질문(Task-Oriented)	미래의 질문(Strategy-Oriented)
데이터	"데이터가 정확하게 입력되었는가?"	"이 데이터가 우리 비즈니스의 어떤 리스크를 가리키는가?"
맥락	"글로벌 표준 가이드라인에 부합하는가?"	"우리 산업의 특수성이 이 숫자에 충분히 반영되었는가?"
소통	"보고서의 문장이 매끄럽고 화려한가?"	"경영진이 이 데이터를 바탕으로 즉각 의사결정할 수 있는가?"

23장

조직의 진화:
AI와 동료가 되는 ESG 협업 구조 설계

AI는 부서가 아니라 '동료'가 된다

ESG 조직은 왜 다시 설계되어야 하는가?

대부분의 ESG 조직은 공시 의무나 평가 대응 등 특정 시점의 요구에 맞춰 급조되었다. 하지만 AI가 도입되면 데이터는 매일 실시간으로 쏟아지고, 대응의 리듬은 '분기'에서 '실시간'으로 바뀐다. AI는 업무량을 줄여주지만, 조직의 '판단 구조'까지 자동으로 바꿔주지는 않는다. AI와 협업하기 위해서는 보고서를 쓰는 조직에서 **의사결정을 지원하는 조직**으로의 재설계가 필수적이다.

AI 시대 ESG 조직의 '두 갈래' 분화

AI 시대의 성공적인 ESG 조직은 역할을 명확히 이원화하여 연결한다. 정확성과 속도라는 서로 다른 목표를 동시에 달성하기 위함이다.

- **ESG 데이터·통제(Controls) 층**: 데이터의 계보(Lineage), 산식, 정확성을 관리하며 감사 가능(Audit-ready)한 상태를 유지한다(**신뢰의 기반**).
- **ESG 인텔리전스·전략(Intelligence & Strategy) 층**: AI가 포착한 신호를 해석하고, 사업 구조와 연결하여 경영진의 의사결정을 돕는다(**전략의 핵심**).

조직의 '데이터 계보(Lineage)' 거버넌스

AI가 동료가 되기 위해서는 '누가 이 데이터를 책임지는가'가 조직도상에 명확히 나타나야 한다.

- **데이터 오너십(Data Ownership)**: 이제 ESG 실무자는 데이터를 직접 입력하는 사람이 아니라, 각 현업 부서(생산, 인사, 구매)가 입력한 데이터의 '품질과 정합성'을 관리하는 감리사 역할을 수행한다.
- **AI 리터러시 전파**: ESG 조직은 전사적인 'AI-ESG 리터러시'를 전파하는 허브(CoE) 기능을 수행해야 한다.

글로벌 변화: "보고(Reporting)에서 조정(Steering)으로"

글로벌 시장은 이제 ESG를 단순한 '결과 보고'가 아닌 실시간 **'경영 조정(Steering)'** 시스템으로 정의한다. SAP의 사례처럼 AI 기반 자동화는 지표 수집 시간을 **최대 98%까지 절감**시킨다. 이 절약된 시간은 단순히 '노는 시간'이 아니라, 현장을 개선하고 투자 판단을 지원하는 **실행의 시간**으로 전환되어야 한다.

조직 설계의 3가지 모델

기업의 문화와 목적에 따라 다음과 같은 조직 모델을 선택할 수 있다.

모델	특징	장점	주의점
A. CoE (Hub & Spoke)	중앙에 전문가 조직 (Hub) 배치	표준화 및 확장성 우수	관료주의적 보고 센터 전락 위험
B. 내재화 (Embedded)	CFO·리스크 조직에 ESG 기능 내장	전략 반영 및 실행 속도 극대화	데이터 통제가 약해질 우려
C. 듀얼 트랙 (Dual Track)	통제 팀과 인텔리전스 팀 엄격 분리	정확성과 속도의 동시 확보	팀 간 협업 규칙(RACI) 필수

실무 설계의 핵심: RACI 차트를 먼저 그려라

AI가 리스크 신호를 감지해도 누가 '중요'하다고 판정할지, 누가 대응을 승인할지가 모호하면 조직은 마비된다. 인력과 툴보다 먼저

RACI(책임·승인·자문·보고) 구조를 명확히 해야 한다.

Responsible(실행): 현장 사업부

Accountable(최종책임): CSO 또는 CFO(명확히 1인 지정)

Consulted(자문): 법무, IT, 인사, 구매 부서

Informed(보고): 이사회 및 주요 이해관계자

AI-인간 협업 RACI 모델

최근 선도 기업들은 AI를 단순 툴이 아닌 '데이터 감시 및 초안 작성자(Informed/Consulted)'로 RACI에 반영한다.

단계	주요 업무	R(실행)	A(승인)	C(자문/데이터)	I(보고)
데이터 수집	탄소/안전 실시간 집계	현장 사업부	CSO	AI 시스템 (자동화)	유관 부서
리스크 감지	이상 신호 포착 및 분석	AI 시스템	ESG 전략 팀	전문 평가기관	CFO/이사회
대응 전략	투자 결정 및 공시 확정	ESG 전략 팀	CSO/CFO	법무, 재무 팀	전 부서

AI는 '툴'이 아니라 '동료'다

AI 시대의 ESG 조직 설계는 기술 프로젝트가 아니다. AI를 부서가 아닌 **'상시 관찰자'라는 동료**로 받아들이는 체질 개선이다.

- 데이터 통제(신뢰)와 인텔리전스(속도)를 전략적으로 분리하고,
- 자동화로 확보한 시간을 '불편한 질문'을 던지고 '구조적 투자'를 결정하는 데 사용해야 한다.

이때 비로소 ESG 조직은 보고서를 만드는 부서에서 **의사결정의 허브**로 거듭난다.

구조가 완비되어도 마지막 방아쇠는 결국 사람이 당긴다. AI가 '이대로 가면 3년 뒤 탄소세로 수익성이 20% 악화된다'는 정확한 리포트를 내놓아도, 그것을 믿고 수천억 원의 설비 투자를 결정하는 것은 시스템이 아니라 리더의 몫이다. 기술이 정교해질수록 그 이면의 '결단'은 더욱 고독하고 인간적이어야 한다.

마지막 장을 향하여… 조직 구조까지 갖췄다면, 이제는 그 구조를 움직이는 마지막 에너지가 필요하다. 다음 장이자 이 책의 결론인「AI 시대의 ESG 리더십: 데이터 뒤에 숨지 않는 결단」에서는 기술과 조직을 넘어, 결국 인간 리더가 어떤 가치를 지켜야 하는지를 묻는다.

AI가 발견한 리스크 신호는 지금 여러분의 조직 어디로 흘러가고 있는가?

　　　　　　　　　　　　　　　　　AI 시대, ESG의 정의

24장

리더십의 본질:
불편한 질문을 피하지 않는 용기

기술이 아니라, 불편한 질문을 피하지 않는 태도에서

ESG 리더십은 왜 늘 부족해 보이는가?

오늘날 기업들은 그 어느 때보다 많은 ESG 데이터와 최첨단 AI 시스템을 보유하고 있다. 하지만 여전히 "ESG 리더십이 부재하다"는 비판이 끊이지 않는다. 그 이유는 리더십을 **기술의 문제**로 오해하기 때문이다.

리더십은 공시 기준을 완벽히 외우거나 AI 툴을 도입하는 데서 나오지 않는다. 오히려 사고가 발생하고 민원이 쏟아지는 위기의 순간, "불편한 질문을 피하지 않고 정면으로 마주하는가"라는 태도에서 결정된다.

AI 시대, 리더십은 더 투명하게 노출된다

과거에는 리더의 의도를 화려한 수사나 사후 설명으로 덮을 수 있었다. 하지만 모든 것이 데이터로 기록되는 AI 시대에는 리더십의 '민낯'이 드러난다.

- 말과 행동의 불일치
- 단기 이익을 위해 안전을 뒤로 미룬 결정의 패턴

반복되는 리스크 신호를 무시해 온 이력 AI는 리더를 직접 평가하지 않지만, 리더가 내린 **수많은 선택의 궤적을 기록하고 기억**한다. 리더십은 이제 선언이 아니라 **행동의 누적**으로 증명된다.

리더십의 투명성: AI가 포착하는 '진정성 점수(Authenticity Score)'

AI는 단순한 수치 비교를 넘어, 리더의 '설명 책임(Accountability)'을 평가한다.

- **불일치 감지**: AI는 기업의 지속가능성 보고서와 리더의 외부 강연, SNS, 뉴스 데이터를 교차 분석한다. 선언(Ambition)과 실행(Execution) 사이의 간극이 클수록 AI는 이를 '전략적 리스크'로 분류한다.
- **신호의 누적**: 최근 연구(2025)에 따르면, Fortune 100대 기업 중 약

48%가 이사회 차원에서 AI 리스크와 ESG를 통합 감독하고 있으며, 이는 전년 대비 3배 이상 증가한 수치다. 리더십은 이제 '일회성 결단'이 아니라 '데이터로 증명되는 일관성'이 되었다.

ESG 리더십의 출발점: 질문의 질

조직 내에서 리더가 던지는 질문의 차이가 조직의 운명을 바꾼다.

- **형식적 ESG 조직의 질문**: "공시 기준은 충족했는가?", "평가 점수는 방어했는가?"
- **리더십 기반 ESG 조직의 질문**: "이 리스크 신호가 왜 반복되는가?", "우리가 아직 보지 못한 이해관계자의 고통은 무엇인가?", **"지금의 선택이 3년 뒤에도 설명 가능한가?"**

이러한 불편한 질문이 조직 하단에서 상단(이사회)까지 자유롭게 흐를 때, ESG는 보고서용 데이터에서 경영의 실질적인 동력으로 전환된다.

이사회(Board)는 리더십의 최후 보루

최근 글로벌 기업들이 ESG 위원회를 신설하고 이사회의 감독 기능을 강화하는 이유는 명확하다. ESG는 단기 성과가 아닌 **장기적 생존**

의 문제이기 때문이다.

- **감독의 힘**: 이사회가 ESG 리스크를 정기적으로 검토하는 구조를 갖춘 기업은 그렇지 않은 기업보다 중대 사고 발생률이 약 **25% 낮은 경향**을 보인다.
- **보상의 연계**: CEO와 임원의 보상을 단순 재무 성과가 아닌 ESG 목표(질적 평가 포함)와 연계하는 것은 "ESG는 위임할 수 없는 핵심 사안"이라는 강력한 메시지가 된다.

이사회의 진화: 감독에서 '회복력(Resilience)' 설계로

최근 이사회는 단순히 리스크를 막는 것을 넘어, '속도를 조절할 권한'을 리더에게 부여한다.

- **사고율의 상관관계**: 이사회가 ESG 리스크를 재무 리스크와 동일한 비중으로 검토하는 기업은 그렇지 않은 기업보다 중대 사고 발생률이 현저히 낮다는 통계가 확산되고 있다.
- **보상 체계의 혁신**: CEO의 성과급 중 20~30%를 단순 탄소 감축량이 아닌, '공급망 회복력'이나 '데이터 투명성 지수'와 연계하는 사례가 2026년 글로벌 스탠다드로 자리 잡고 있다.

　AI 시대, ESG의 정의

리더십은 '속도를 늦추는 용기'다

아이러니하게도 진정한 ESG 리더십은 때로 성장의 속도를 늦추는 결정에서 빛을 발한다. 사업 확장을 잠시 멈추고 공급망을 재점검하거나, 단기 수익을 양보하며 안전 시스템을 전면 재설계하는 결단이다. AI는 이러한 선택을 '기회 상실'이 아닌 '지속 가능한 전환의 강력한 신호'로 해석한다.

"우리는 어떤 선택을 할 것인가?"

이 책의 마지막 결론은 단순하지만 무겁다. ESG 리더십은 기술에서 나오지 않는다.

- AI가 던지는 경고 신호를 **직시**하고,
- 그 뒤에 숨은 본질적인 **불편한 질문**을 피하지 않으며,
- 선택의 결과에 대해 설명 책임(Accountability)을 지는 태도에서 나온다.

AI가 모든 것을 지켜보고 기록하는 시대, 리더의 진정성은 오직 '책임 있는 선택'을 통해서만 증명될 수 있다. 그 선택에 응답하는 순간, ESG는 관리의 영역을 넘어 진정한 리더십의 언어가 된다.

'기술 위의 인간'

　AI는 지도를 그려 주지만, 그 지도를 따라 험난한 길을 걸어가기로 결정하는 것은 리더의 심장이다. 기술은 우리에게 '무엇(What)'이 잘못되었는지 알려주지만, '왜(Why)' 우리가 이 길을 가야 하는지를 설명하는 것은 인간의 영역이다.

　책을 마치며… 지금까지 우리는 AI가 어떻게 ESG의 지형을 바꾸고 있는지, 실무자와 조직은 어떻게 진화해야 하는지 살펴보았다. 기술은 질문을 던지고, 조직은 구조를 만든다. 하지만 마지막 마침표를 찍는 것은 리더의 결단이다.

　AI가 보여 주는 리스크 지도 앞에서, 여러분은 방어의 언어를 꺼내겠는가, 아니면 변화의 질문을 던지겠는가?

단계	질문의 성격	구체적인 질문 예시
1단계: 직시	데이터 이면의 진실	"이 지표가 개선되는 동안, 우리가 희생시키거나 외면한 이해관계자는 누구인가?"
2단계: 연결	자본과 전략의 일치	"이 ESG 리스크를 해결하기 위해 올해 우리 자본 지출(CAPEX)의 몇 %를 할당했는가?"
3단계: 책임	장기적 설명 가능성	"오늘의 비용 절감 결정이 3년 뒤 AI가 분석할 우리 기업의 '인권/안전 패턴'에 어떤 기록으로 남겠는가?"

AI와 어떻게 ESG로 대화할 것인가

AI는 오늘도 ESG 보고서를 읽고 있다. 수만 쪽의 공시 문서, 수백만 건의 뉴스, 위성 이미지와 SNS의 민원까지, AI는 인간보다 훨씬 빠르고 넓은 시야로 기업과 기관을 관찰한다. 하지만 단 한 가지, **기업의 태도와 설명의 책임**만큼은 AI가 대신해 주지 않는다.

이 책은 AI가 ESG를 어떻게 읽는지 기술적으로 분석하는 데 그치지 않고, **AI가 모든 것을 읽고 기억하는 시대에 인간은 어떻게 행동하고 설명해야 하는가**를 묻기 위해 쓰였다.

AI는 '이해'하지 않지만, '기억'한다

AI는 도덕적 판단을 하지 않는다. 기업의 진정성을 느끼지도, 선악을 구분하지도 않는다. 하지만 AI는 인간이 놓치는 '반복되는 패턴'을 기가 막히게 포착한다.

- **불일치의 기록**: 화려한 선언과 초라한 실행 사이의 간극을 데이터로 남긴다.
- **누적의 가치**: 한 번의 이벤트성 캠페인보다, 조용히 쌓여온 수년간의 행동 신호를 더 높게 평가한다.

AI 시대의 ESG는 "한 번 잘 설명하면 끝나는" 게임이 아니다. 설명은 실시간으로 검증되고, 신뢰는 행동의 누적 결과로만 환산된다.

기술 경쟁이 아닌 '설명 경쟁'의 시대

많은 조직이 AI 도입을 ESG의 종착역으로 오해한다. 하지만 AI는 문제를 해결해 주는 마법 지팡이가 아니다. 오히려 문제를 더 빨리, 더 아프게 드러내는 돋보기다.

문제가 드러났을 때 조직의 격차를 만드는 것은 기술력이 아니라 '설명의 능력'이다.

- "왜 이런 리스크가 발생했는가?"
- "우리는 무엇을 놓쳤고, 지금은 무엇을 바꾸고 있는가?"

AI는 질문을 던지지 않지만, 질문을 받는 인간 리더의 설명 능력이
곧 기업의 지속가능한 경쟁력이 된다.

"AI를 위한 데이터"와 "사람을 위한 서사"

이 책에서 반복해 강조한 핵심 중 하나는 ESG 공시의 이중 구조다.

구분	AI를 위한 공시	사람을 위한 설명
형태	구조화된 데이터, 정량 지표	맥락, 서사(Storytelling), 가치
목적	패턴 인식, 리스크 계산	신뢰 구축, 태도 확인
핵심	정확성, 일관성, 기계 가독성	진정성, 책임감, 공감

AI는 숫자와 구조를 원하지만, 사람(투자자, 시민, 노동자)은 결국
기업의 **이야기와 태도**를 본다. 이 두 층위를 조율하는 것이 미래 ESG
실무자의 핵심 역량이다.

책임은 자동화되지 않는다

AI는 '보이지 않는 이해관계자'로서 자본의 흐름을 바꾸고 평판을 재
구성하지만, 정작 **책임**은 지지 않는다. 알고리즘의 편향이나 잘못된
데이터 결과에 대해 AI에게 책임을 물을 수는 없다.

결국 결정하고, 설명하고, 책임지는 일은 끝까지 인간의 몫으로 남

　　　　　　　　　　　　　　　　　　　　AI 시대, ESG의 정의

는다. 기술이 판단을 보조할수록 역설적으로 **설명과 책임의 무게는 인간 리더에게 더 무겁게 집중**된다.

마지막 질문: 우리는 어떤 조직으로 기억될 것인가?

AI 시대 ESG의 원칙은 선명하다.

- **AI는 기준이 아니라 거울이다**(우리의 민낯을 보여 주는 도구).
- **ESG는 점수가 아니라 기억이다**(행동의 누적이 곧 브랜드).
- **책임은 결코 자동화되지 않는다**(인간 리더십의 최후 보루).

AI는 앞으로 더 많은 것을, 더 빠르게 볼 것이다. 그렇다면 이제 스스로에게 물어야 한다. **"AI가 모든 것을 지켜보고 기록하는 이 시대에, 우리는 어떤 선택을 내리고 어떻게 기억될 것인가?"**

ESG는 정답을 요구하지 않는다. 다만 **일관된 선택**을 요구할 뿐이다. 당신이 그 불편한 질문에 답하려는 순간, AI와의 진정한 대화는 이미 시작되었다.

AI 시대,
ESG의 재정의

© 지용승, 2026

초판 1쇄 발행 2026년 4월 8일

지은이 지용승
펴낸이 이기봉
편집 좋은땅 편집팀
펴낸곳 도서출판 좋은땅
주소 서울특별시 마포구 양화로12길 26 지월드빌딩 (서교동 395-7)
전화 02)374-8616~7
팩스 02)374-8614
이메일 gworldbook@naver.com
홈페이지 www.g-world.co.kr

ISBN 979-11-388-5750-5 (03320)